AF601028

DIRECTIONS
POUR LA CONSCIENCE D'UN ROI,

COMPOSÉES

POUR L'INSTRUCTION

DE

LOUIS DE FRANCE,
DUC DE BOURGOGNE,

PAR MESSIRE

FRANÇOIS DE SALIGNAC DE LA MOTTE-FENELON, ARCHEVEQUE-DUC DE CAMBRAI, SON PRECEPTEUR.

Et nunc Reges intelligite, Erudimini qui judicatis Terram. Psalm. II, 10.

A LA HAYE,

Chez JEAN NEAULME.

M. DCC. XLVII.

AVERTISSEMENT DE L'EDITEUR.

E petit mais très-excellent Ouvrage, n'avoit nullement été composé pour être publié, mais simplement pour servir en manuscrit à l'instruction particuliere d'un très-grand Prince, aussi bien que le *Télémaque* du même Auteur, dont on ſait que le Public n'eſt redevable qu'à l'heureuſe Supercherie d'un Domeſtique infidéle (1): & ce n'eſt vraiſemblablement que par le même Moyen, qu'on a pareil-

(1) M. DE RAMSEY, Hiſtoire de la Vie de François de Salignac de la Mothe-Fenelon (*né à Fenelon en Perigord, le 6 d'Août 1651, fait Précepteur des Enfans de France en Septembre 1689, nommé Archevêque de Cambrai en 1694, & mort en cette Ville le 7 de Janvier 1715*); *imprimée* à la Haye, chez Vaillant en 1723. in 8°. *page* 87. Bibliothéque Britannique, *Tome XIX. pages*

reillement obtenu des Copies des présentes DIRECTIONS.

QUOI-QU'IL-EN-SOIT, celle sur laquelle je les publie aujourd'hui, avoit été faite sur une qui sortoit de l'Hôtel de Beauvillier (1):

pages 53-55-76, où l'on trouvera une exacte & curieuse Notice Historique & Critique du *Télémaque* & de ses différentes Editions & Traductions.

(1) PAUL DE BEAUVILLIER, *Duc de Saint-Aignan, né le 24 d'Octobre 1648. & mort le 31 d'Août 1714. étoit lié d'une Amitié très étroite avec Monsieur* DE CAMBRAI. *Il étoit* Gouverneur *comme lui* Précepteur, *des trois Enfans de Fran-*

& je la donne ici, avec la plus ſcrupuleuſe Exactitude; telle que je l'ai trouvée, ſans y avoir changé la moindre Choſe & ſans même avoir voulu y rectifier certaines petites Négligences & Irrégula-

France, Petits-Fils de LOUIS XIV, *ſavoir* Louïs Duc de Bourgogne, *&* *puis* Dauphin; *voiez ci-deſſous la Note de la prémiere Page:* PHILLIPE Duc d'Anjou, *né à Verſailles le* 19 *de Décembre* 1683. *déclaré* Roi d'Eſpagne *le* 17 *de Novembre* 1700 *& mort à Madrid au Buen-Retiro le* 9 *de Juillet* 1746 *: &* CHARLES Duc de Berri, *né à Verſailles le* 31 *d'Août* 1686 *& mort à Marli le* 4 *de Mai* 1714.

gularités de Langage, venuës ſans doute de l'Inéxactitude & de la Précipitation des Copiſtes.

TELLES ſont, par exemple, celles-ci : page 6. *paſſent* pour *l'ordinaire* pour *les plus légéres* ; Répétition & Cacophonie, que *d'ordinaire*, au lieu du premier *pour*, auroit aiſément fait diſparoître : page 7. *faire* courtement *la Guerre* ; Adverbe, non-ſeulement irrégulier, mais même abſolument inusité, qu'il n'est nullement croyable, qu'un Ecrivain aussi exact que Monsieur DE CAMBRAI ait jamais employé, pages 33 & 34. quatre *mais* consécutifs, qui n'embarassent pas peu le Discours; page 56. enfin, *N'avez vous pas craint qu'ils vous* verroient *de trop près*, pénétreroient *trop dans vos Foiblesses*, *&* *ne vous* flatteroient *pas*; où il est très-visible, qu'il falloit, ne *vous* vissent *de trop près*, ne pé-

né-

nétrassent *trop dans vos Foiblesses*, & *ne vous* flatassent *pas*.

L'OUVRAGE n'en est pourtant, ni moins important, ni moins utile au Bien Public: & j'ose bien avancer, sans aucune Crainte d'en être désavoué, que parmi tous ceux qui ont jamais été faits, tant pour l'Instruction des Souverains en général, que pour celle des Rois de France en particulier, & dont le célébre

CLAU-

CLAUDE JOLY, Chantre de l'Eglise de Paris, nous a donné une si curieuse & si intéressante Enumeration dans la Préface de son excellent *Codicile d'Or*, recueilli pour l'Instruction de M. le Dauphin, Fils de LOUIS XIV, mais dont de malheureuses Intrigues & Cabales de Cour empêchérent l'Usage & le Fruit; que parmi toutes ces *Institutions*, dis-je, il n'y en a pas une seule, que celle-ci n'efn'efface & ne ſurpaſſe de bien loin.

En effet, de toutes ces *Inſtitutions*, les unes ſont trop longues & trop étenduës, & les autres trop courtes & trop reſſerrées; les unes trop ſimples, & trop ſéches, & les autres trop au-deſſus de la portée de jeunes Gens, qu'il s'agiſſoit de gagner & non de rebuter; les unes trop théologiques & les autres trop philoſophiques, au lieu qu'il ne ne les falloit que morales & politiques; les unes surchargées d'Erudition plus fastueuse que nécessaire, & les autres comme accablées de Réfléxions vagues, plus ennuyantes qu'instructives; & toutes enfin, beaucoup plus propres à fatiguer la Mémoire, qu'à éclairer l'Esprit : au lieu qu'ici, tout và droit & de Plein Pied, au But réel & effectif d'une saine Politique & d'une sage Administration, judicieusement

ſement conçue, & auſſi claire-ment qu'énergiquement exprimée. En un mot, Perſonne n'avoit encore traité ce grave & important Sujet, ni ſi préciſément, ni ſi ſolidement, ni avec cette Fermeté ſage & modeſte qui ne s'écarte en rien du Reſpect légitimement dû par un Sujet à ſon Prince, ni enfin avec autant de Droiture & de Candeur, que le fait ici feu Monſieur DE CAMBRAI: & l'on peut très véritable-

ment

ment affirmer, qu'il ne s'exprime point *en Paraboles* (1), & qu'il a réellement & de fait, mis *la Coignée à la Racine de l'Arbre.* (2).

CE ſeroit donc, non ſeulement un grand Dommage, mais même un très grand Malheur, qu'un ſi rare & ſi précieux *Talent* reſtât plus long-tems *enfouï* (3), qu'une ſi vive & ſi brillante *Lumiére* demeurât

(1) Jean, XVI, 25.
(2) Matthieu, III, 10. Luc, III, 9.
(3) Matthieu, XXV, 18, 25.

rât plus long-tems *ſous le Boiſſeau* (1), & qu'une ſi excellente & ſi néceſſaire *Inſtitution* tardât plus long-tems à produire les heureux & juſtes Effets qu'en eſpéroit avec tant de Raiſon ſon illuſtre & très reſpectable Auteur.

C'EST auſſi le ſeul & unique But que je me ſuis propoſé en la mettant actuellement au Jour : & je me trouverois très bien récom-

(1) Matthieu, V, 15.

compensé de mes soins, si un heureux Succès pouvoit effectivement répondre à mon Attente.

DIEU le veuille enfin, tant pour l'Honneur & la Gloire des Souverains, que pour le Soulagement & le Repos des Peuples!

FELIX DE SAINT-GERMAIN.

Ce 11 de
Mars 1747.

DI-

DIRECTIONS
POUR LA CONSCIENCE D'UN ROI,
COMPOSÉES POUR L'INSTRUCTION DE
LOUIS DE FRANCE, DUC DE BOURGOGNE (*),

Par Messire FRANÇOIS DE SALIGNAC DE LA MOTHE FENELON, Archévêque-Duc de Cambrai, son Précepteur.

INTRODUCTION.

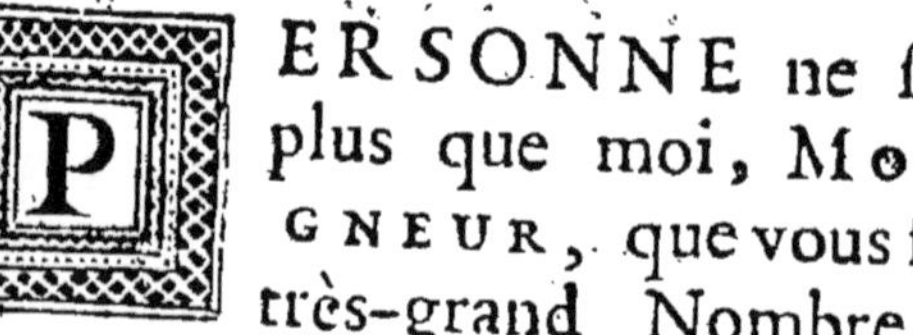

ERSONNE ne souhaite plus que moi, MONSEIGNEUR, que vous soïés un très-grand Nombre d'Années loin des Périls inséparables de la Roïauté. Je le souhaite par Zéle pour

A la

(*) *Petit-Fils de* LOUIS XIV, *Roi de France & de Navarre ; né à Versailles, le 6 d'Août 1682, & mort le XX*e. *Dauphin de la Maison de France à Marly le 18 de Fevrier 1712.*

la Conſervation de la Perſonne ſacrée du Roi, ſi néceſſaire à ſon Roïaume, & celle de Monſeigneur le Dauphin (†) : Je le ſouhaite pour le Bien de l'Etat. Je le ſouhaite pour le vôtre même : car, un des plus grands Malheurs, qui vous pût arriver, ſeroit d'être Maître des autres, dans un Age où vous l'êtes encore ſi peu de vous même. Mais, il faut vous préparer de loin aux Dangers d'un Etat, dont je prie Dieu de vous préſerver juſqu'à l'Age le plus avancé de la Vie. La meilleure Maniére de faire connoître cet Etat à un Prince, qui craint Dieu & qui aime la Religion, c'eſt de lui faire un *Examen de Conſcience* ſur les Devoirs de la Roïauté : & c'eſt ce que je vais tâcher de faire.

DIRECTION I.

CONNOISSEZ-VOUS aſſez toutes les Véritez du Chriſtianiſme ? Vous ſerez jugé ſur l'Evangile, comme le moin-

(†) LOUIS DE FRANCE *Fils de* LOUIS XIV; *né à Fontainebleau, le* 1 *de Novembre* 1661. *& mort à Meudon, le* 14 *d'Avril* 1711.

moindre de vos Sujets. Etudiez-vous vos Devoirs dans cette Loi Divine? Souffririés-vous qu'un Magistrat jugeât tous les jours les Peuples en vôtre Nom, sans savoir vos Loix & vos Ordonnances, qui doivent être la Régle de ses Jugemens? Espérez-vous que Dieu souffrira que vous ignoriés sa Loi, suivant laquelle il veut que vous viviés & que vous gouverniés son Peuple? Lisez-vous l'Evangile sans Curiosité, avec une Docilité humble, dans un Esprit de Pratique, & vous tournant contre vous-même pour vous condamner dans toutes les Choses que cette Loi reprendra en vous?

DIRECTION II.

NE vous êtes-vous point imaginé, que l'Evangile ne doit point être la Régle des Rois, comme celle de leurs Sujets; que la Politique les dispense d'être humbles, justes, sinceres, modérez, compatissans, prêts à pardonner les Injures? Quelque lâche & corrompu Flatteur ne vous a-t-il point dit, & n'avez-vous point

 été

été bien-aise de croire, que les Rois ont Besoin de se gouverner pour leurs Etats, par certaines Maximes de Hauteur, de Dureté, de Dissimulation, en s'élevant au-dessus des Régles communes de la Justice & de l'Humanité ?

DIRECTION III.

N'AVEZ-VOUS point cherché les Conseillers en tout Genre les plus disposez à vous flatter dans vos Maximes d'Ambition, de Vanité, de Faste, de Molesse & d'Artifice ? N'avez-vous point eu Peine à croire les Hommes fermes & desintéressés, qui, ne desirant rien de vous, & ne se laissant point éblouïr par votre Grandeur, vous auroient dit avec respect toutes vo Véritez ; & vous auroient contredit pour vous empêcher de faire des Fautes ?

DIRECTION IV.

N'AVEZ-VOUS pas été bien-aise, dans les Replis les plus cachés de vô-

vôtre Cœur, de ne pas voir le Bien, que vous n'aviés pas Envie de faire, parce qu'il vous en auroit trop couté pour le pratiquer : & n'avez-vous point cherché des Raisons pour excuser le Mal, auquel vôtre Inclination vous portoit ?

DIRECTION V.

N'AVEZ-VOUS point négligé la Priére, pour demander à Dieu la Connoissance de ses Volontez sur vous ? Avez-vous cherché dans la Priére, la Grace pour profiter de vos Lectures ? Si vous avez négligé de prier, vous vous êtes rendu coupable de toutes les Ignorances où vous avez vêcu, & que l'Esprit de Priére vous auroit ôtés. C'est peu de lire les Véritez éternelles, si on ne prie pour obtenir le Don de les bien entendre. N'aïant pas bien prié, vous avez mérité les Ténébres où Dieu vous a laissé sur la Correction de vos Défauts, & sur l'Accomplissement de vos Devoirs. Ainsi, la Négligence, la Tiédeur, & la Distraction volontaire dans la Priére,

 qui

qui passent pour l'ordinaire, pour les plus légéres de toutes les Fautes, sont néanmoins la vraie Source de l'Ignorance & de l'Aveuglement funeste, où vivent la plûpart des Princes.

DIRECTION VI.

AVEZ-VOUS choisi pour vôtre Conseil de Conscience, les Hommes les plus pieux, les plus fermes, & les plus éclairez, comme on cherche les meilleurs Généraux d'Armée pour commander pendant la Guerre, & les meilleurs Médecins quand on est malade? Avez-vous composé ce Conseil de Conscience de plusieurs Personnes, afin que l'une puisse vous préserver des Préventions de l'autre; parce que tout Homme, quelque droit & habile qu'il puisse être, est toujours capable de Prévention? Avez-vous donné à ce Conseil une entiére Liberté de vous découvrir, sans Adoucissement, toute l'Etendue de vos Obligations de Conscience.

DIRECTION VII.

AVEZ-VOUS travaillé à vous instruire des Loix, Coutumes & Usages du Roïaume ? Le Roi est le prémier Juge de son Etat. C'est lui qui fait les Loix. C'est lui qui les interprête dans le Besoin. C'est lui qui juge souvent dans son Conseil suivant les Loix qu'il a établies, ou trouvées déjà établies avant son Régne. C'est lui qui doit redresser tous les autres Juges. En un mot, sa Fonction est d'être à la Tête de ses Armées pendant la Guerre. Et comme la Guerre ne doit jamais être faite qu'à regret, & le plus courtement qu'il est possible, & en Vûe d'une constante Paix ; il s'ensuit, que la Fonction de commander des Armées n'est qu'une Fonction passagére, forcée & triste pour les bons Rois : au lieu que celle de juger les Peuples, & de veiller sur tous les Juges, est leur Fonction naturelle, essentielle, ordinaire, & inséparable de la Roïauté. Bien juger, c'est juger selon les Loix. Pour juger selon les

Loix, il les faut ſavoir. Les ſavez-vous ; & êtes-vous en Etat de redreſſer les Juges qui les ignorent ? Connoiſſez-vous aſſez les Principes de la Juriſprudence, pour être facilement au Fait, quand on vous rapporte une Affaire ? Etes-vous en Etat de diſcerner entre vos Conſeillers, ceux qui vous flattent, d'avec ceux qui ne vous flattent pas ; & ceux qui ſuivent religieuſement les Régles, d'avec ceux qui voudroient les plier d'une Façon arbitraire ſelon leurs Vûes ? Ne dites point, que vous ſuivez la Pluralité des Voix ? Car, outre qu'il y a des Cas de Partage dans vôtre Conſeil, où vôtre Avis doit décider, ne fuſſiés-vous-là que comme un Préſident de Compagnie ; de plus, vous êtes-là le ſeul vrai Juge. Vos Conſeillers d'Etat ou Miniſtres, ne ſont que de ſimples Conſulteurs. C'eſt vous ſeul, qui décidez effectivement. La Voix d'un ſeul Homme-de-Bien éclairée, doit ſouvent être préférée à celle de dix Juges timides & foibles, ou entétez & corrompus C'eſt le Cas où l'on doit plûtôt peſer que compter les Voix.

DI-

DIRECTION VIII.

AVEZ-VOUS étudié la vraie Forme du Gouvernement de votre Roiaume ? Il ne suffit pas de savoir les Loix qui réglent la Propriété des Terres, & autres Biens, entre les Particuliers : c'est sans doute la moindre Partie de la Justice. Il s'agit de celle que vous devez garder entre vôtre Nation & vous, entre vous & vos Voisins. Avez-vous étudié sérieusement ce qu'on nomme le *Droit des Gens* : Droit, qu'il est d'autant moins permis à un Roi d'ignorer, que c'est le Droit qui régle sa Conduite dans ses plus importantes Fonctions : & que ce Droit se réduit aux Principes les plus évidens du Droit Naturel pour tout le Genre-Humain ? Avez-vous étudié les Loix fondamentales, & les Coutumes constantes, qui ont Force de Loi pour le Gouvernement de vôtre Nation particuliére ? Avez-vous cherché à connoitre sans vous flatter, quelles sont les Bornes de vôtre Autorité ? Savez-vous par quelles Formes le Roïaume s'est gouverné ſous les diverſes Races ? Ce que c'étoit que les anciens Parlemens, & les Etats-Généraux qui leur ont ſuccédé ? Quelle étoit la Subordination des Fiefs ? Comment les Choſes ont paſſé à l'Etat préſent ? Sur quoi ce Changement eſt fondé ? Ce que c'eſt que l'Anarchie : ce que c'eſt que la Puiſſance arbitraire ; & ce que c'eſt que la Roïauté réglée par les Loix, Milieu entre ces deux Extrémitez, Souffririés-vous, qu'un Juge jugeât, ſans ſavoir l'Ordonnance ; & qu'un Général d'Armée commandât, ſans ſavoir l'Art Militaire ? Croïez-vous, que Dieu ſouffre que vous régniez, ſi vous régnez ſans être inſtruit de ce qui doit borner & régler vôtre Puiſſance ? Il ne faut donc pas regarder l'étude de l'Hiſtoire, des Mœurs, & de tout le Détail de l'ancienne Forme de Gouvernement, comme une Curioſité indifférente, mais comme un Devoir eſſentiel de la Roïauté.

DIRECTION IX.

Il ne ſuffit pas de ſavoir le Paſſé : il faut connoître le Préſent. Savez-vous le Nombre d'Hommes, qui compoſent votre Nation ; combien d'Hommes, combien de Femmes, combien de Laboureurs, combien d'Artiſans, combien de Praticiens, combien de Commerçans, combien de Prêtres & de Religieux, combien de Nobles & de Militaires ? Que diroit-on d'un Berger, qui ne ſauroit pas le Nombre de ſon Troupeau ? Il eſt auſſi facile à un Roi de ſavoir le Nombre de ſon Peuple : il n'a qu'à le vouloir. Il doit ſavoir, s'il y a aſſez de Laboureurs, s'il y a à proporrion trop d'autres Artiſans, trop de Praticiens, trop de Militaires, à la Charge de l'Etat. Il doit connoître le Naturel des Habitans des différentes Provinces, leurs principaux Uſages, leurs Franchiſes, leur Commerce, & les Loix de leurs divers Trafics au dedans & au dehors du Roïaume. Il doit ſavoir quels ſont les divers Tribunaux établis en chaque

que Province, les Droits des Charges, les Abus de ces Charges, &c. Autrement, il ne ſaura point la Valeur de la plûpart des Choſes qui paſſeront devant ſes Yeux. Ses Miniſtres lui en imposeront ſans peine à toute Heure: il croira tout voir; & ne verra rien qu'à demi. Un Roi ignorant ſur toutes Choſes, n'eſt qu'à demi Roi. Son Ignorance le met hors d'Etat de redreſſer ce qui eſt de travers. Son Ignorance fait plus de Mal, que la Corruption des Hommes qui gouvernent ſous lui.

DIRECTION X.

On dit d'ordinaire aux Rois, qu'ils ont moins à craindre les Vices des Particuliers, que les Défauts auxquels ils s'abandonnent dans les Fonctions Roïales. Pour moi, je dis hardiment le Contraire: & je ſoutiens, que toutes leurs Fautes dans la Vie privée ſont d'une Conſéquence infinie pour la Roïauté. Examinez donc vos Mœurs en Détail. Les Sujets ſont de ſerviles Imitateurs de leurs Princes; ſur-tout dans les Choſes

ses qui flattent leurs Passions. Leur avez-vous donné le mauvais Exemple d'un Amour deshonnête & criminel ? Si vous l'avez fait, vôtre Autorité a mis en Honneur l'Infamie. Vous avez rompu la Barriére de l'Honneur & de l'Honnêteté. Vous avez fait triompher le Vice & l'Impudence. Vous avez appris à tous vos Sujets à ne rougir plus de ce qui est honteux : Leçon funeste, qu'ils n'oublieront jamais ! *Il vaudroit mieux*, dit Jesus-Christ, *être jetté avec une Meule de Moulin au Cou au fond des Abîmes de la Mer, que d'avoir scandalisé le moindre des Petits.* Quel est donc le Scandale d'un Roi, qui montre le Vice assis avec lui sur son Trône, non seulement à tous ses Sujets, mais encore à toutes les Cours, & à toutes les Nations du Monde connu ! Le Vice est par lui-même un Poison contagieux. Le Genre-Humain est toujours prêt à recevoir cette Contagion : il ne tend, par ses Inclinations, qu'à secouër le Joug de toute Pudeur. Une Etincelle cause une Incendie. Une Action d'un Roi fait souvent une Multiplication & un Enchainement de de Crimes, qui s'étendent jusqu'à plusieurs Nations & à plusieurs Siécles. N'avez-vous point donné de ces mortels Exemples? Peut-être croïez-vous, que vos Désordres ont été secrets. Non. Le Mal n'est jamais secret dans les Princes. Le Bien peut y être secret; car, on a grande Peine à le croire véritable en eux: mais, pour le Mal, on le devine, on le croit sur les moindres Soupçons. Le Public pénetre tout, & souvent pendant que le Prince se flatte que ses Foiblesses sont ignorées, il est le seul qui ignore combien elles sont l'Objet de la plus maligne Critique. En lui, tout Commerce équivoque est sujet à Explication: toute Apparence de Galanterie, tout Air passionné ou amusé, cause un Scandale, & porte Coup pour altérer les Mœurs de toute une Nation.

DIRECTION XI.

N'AVEZ-VOUS point autorisé une Liberté immodeste dans les Femmes? Ne les admettez-vous dans votre Cour que pour le vrai Besoin? N'y sont-

sont-elles qu'auprès de la Reine, ou des Princesses de vôtre Maison? Choisissez-vous pour ces Places, des Femmes d'un Âge mûr & d'une Vertu éprouvée? Excluez-vous de ces Places, les jeunes Femmes d'une Beauté qui seroit un Piége pour vous & pour vos Courtisans? Il vaut mieux que de telles Personnes demeurent dans une Vie retirée, au milieu de leur Famille, loin de la Cour. Avez-vous exclus de votre Cour toutes les Dames, qui n'y sont point nécessaires dans les Places auprès des Princesses? Avez-vous soin de faire en sorte, que les Princesses elles-mêmes soient modestes, retirées, & d'une Conduite réguliére en tout? En diminuant le Nombre des Femmes de la Cour, & en les choisissant le mieux que vous pouvez, avez-vous Soin d'écarter celles qui introduisent des Libertez dangereuses, & d'empêcher que les Courtisans corrompus ne les voyent en particulier, hors des Heures où toute la Cour se rassemble? Toutes ces Précautions paroissent maintenant des Scrupules & des Séveritez outrées. Mais, si on remonte aux Tems

Tems qui ont précédé FRANÇOIS I, on trouvera, qu'avant la Licence ſcandaleuſe introduite par ce Prince, les Femmes de la premiére Condition, ſur-tout celles qui étoient jeunes & belles, n'alloient point à la Cour. Tout au plus, elles y paroiſſoient très rarement, pour aller rendre leurs Devoirs à la Reine: en-ſuite, leur Honneur étoit de demeurer à la Campagne dans leur Famille. Ce grand Nombre de Femmes, qui vont librement par-tout à la Cour, eſt un Abus monſtrueux, auquel on a accoutumé la Nation. N'avez-vous point autoriſé cette pernicieuſe Coutume? N'avez-vous point attiré, ou conſervé par quelque Diſtinction dans votre Cour, quelque Femme d'une conduite actuellement ſuſpecte, ou du moins qui a autrefois mal édifié le Monde? Ce n'eſt point à la Cour, que ces Perſonnes profanes doivent faire Pénitence. Qu'elles l'aillent faire dans des Retraites ſi elles ſont libres; ou dans leurs Familles ſi elles ſont attachées au Monde par leurs Maris encore vivans. Mais écartez de votre Cour

tou

Cour tout ce qui n'a pas été régulier; puisque vous avez à choisir : parmi toutes les Femmes de Qualité de votre Royaume, pour remplir les Places.

DIRECTION XII.

AVEZ-VOUS Soin de réprimer le Luxe & d'arrêter l'Inconstance ruïneuse des Modes? C'est ce qui corrompt la plûpart des Femmes. Elles se jettent à la Cour, dans des Dépenses qu'elles ne peuvent soutenir sans Crime. Le Luxe augmente en elles la Passion de plaire : & leur Passion pour plaire se tourne principalement à tendre des Piéges au Roi. Il faudroit qu'il fût insensible & invulnerable, pour résister à toutes ces Femmes pernicieuses qu'il tient autour de lui : c'est une Occasion toujours prochaine, dans laquelle il se met. N'avez-vous point souffert, que les Personnes les plus vaines & les plus prodigues, ayent inventé de nouvelles Modes pour augmenter les Dépenses? N'avez-vous pas vous-même contribué à un si grand Mal, par une Magnificence excessive ? Quoi que vous soyés Roi, vous devez éviter tout ce qui coute beaucoup, & que d'aut.es voudroient avoir comme vous. Il est inutile d'alleguer, que nul de vos Sujets ne doit se permettre un Extérieur qui ne convient qu'à vous. Les Princes qui vous touchent de près, voudront faire à peu près ce que vous ferez. Les Grands-Seigneurs se picqueront d'imiter les Princes. Les Gentils-Hommes voudront être comme les Seigneurs. Les Financiers surpasseront les Seigneurs mêmes. Et tous les Bourgeois voudront marcher sur les Traces des Financiers qu'ils ont vû sortir de la Bouë. Personne ne se mesure & ne se fait Justice. De proche en proche, le Luxe passe comme par une Nuance imperceptible, de la plus haute Condition à la Lie du Peuple. Si vous avez de la Broderie, Bientôt tout le Monde en portera. Le seul Moyen d'arrêter tout court le Luxe, c'est de donner vous-même l'Exemple que Saint Louis donnoit d'une grande Simplicité. L'avez-vous donné en tout cet Exemple

emple si néceſſaire ? Il ne ſuffit pas de le donner en Habits, il faut le donner en Meubles, en Equipages, en Tables, en Bâtimens, en Terres, en Jardins, en Parcs. &c. Sachez comment les Rois vos Prédéceſſeurs étoient logés & meublez ; ſachez quels étoient leurs Repas & leurs Voitures ; & vous ſerez étonné des Prodiges de luxe où nous ſommes tombez. Il y a aujourd'hui plus de Caroſſes à ſix Chevaux dans Paris, qu'il n'y avoit de Mules il a cent Ans. Chacun n'avoit point ſa Chambre, une ſeule Chambre ſuffiſoit avec pluſieurs Lits pour pluſieurs Perſonnes. Maintenant, chacun ne ſe peut plus paſſer d'Apartemens vaſtes, & d'Enfilades. Chacun veut avoir des Jardins où l'on renverſe toute la Terre, des Jets-d'Eaux, des Statues, des Parcs ſans Bornes ; des Maiſons dont l'Entretien ſurpaſſe le Revenu des Terres où elles ſont ſituées. D'où tout cela vient-il ? De l'Exemple que les uns prennent ſur les autres. L'Exemple ſeul peut redreſſer les Mœurs de toute la Nation. Nous voyons même que la Folie de nos Modes eſt contagieuſe chez tous nos Voisins. Toute l'Europe, si jalouse de la France, ne peut s'empêcher de se soumettre serieusement à nos Loix, dans ce que nous avons de plus frivole & de plus pernicieux. Encore une fois, telle est la Force de l'Exemple du Prince, qu'il peut lui seul, par sa Modération, ramener au Bon Sens ses propres Peuples & les Peuples voisins. Puis qu'il le peut, il le doit sans doute. L'avez-vous fait ?

DIRECTION XIII.

N'AVEZ-VOUS point donné un mauvais Exemple, ou par des Paroles trop libres, ou par des Railleries picquantes, ou par des Maniéres indécentes de parler sur la Religion ? Les Courtisans sont de serviles Imitateurs, qui font Gloire d'avoir tous les Défauts du Prince. Avez-vous repris l'Irreligion jusques dans les moindres Mots par lesquels on vouloit l'insinuer ? Avez-vous fait sentir vôtre sincére Indignation contre l'Impiété ? N'avez-vous rien laissé de douteux là-dessus ? N'avez-vous ja-

jamais été retenu par une mauvaise Honte, qui vous ait fait rougir de l'Evangile ? Avez-vous montré par vos Discours & par vos Actions, vôtre Foi sincere & votre Zéle pour le Christianisme ? Vous-êtes-vous servi de vôtre Autorité pour rendre l'Irreligion muëtte ? Avez-vous écarté avec Horreur les Plaisanteries malhonnêtes, les Discours équivoques & toutes les autres marques de Libertinage ?

DIRECTION XIV.

N'AVEZ-VOUS rien pris à aucun de vos Sujets par pure Autorité & contre les Régles ? L'avez-vous dédommagé, comme un Particulier l'auroit fait, quand vous avez pris sa Maison, ou enfermé son Champ dans vôtre Parc, ou supprimé sa Charge, ou éteint sa Rente ? Avez-vous éxaminé à fond les vrais Besoins de l'Etat, pour les comparer avec l'Inconvénient des Taxes avant que de charger vos Peuples ? Avez-vous consulté sur une si importante Question les Hommes les plus éclairés, les plus zêlez pour le Bien public & les plus capables de vous dire la Vérité ſans Flatterie ni Molleſſe? N'ayez-vous point appellé *Néceſſité de l'Etat* ce qui ne ſervoit qu'à flatter vôtre Ambition, comme une Guerre pour faire des Conquêtes, ou pour acquerir de la Gloire? N'ayez-vous point appellé *Beſoins de l'Etat* vos propres Prétentions? Si vous aviez des Prétentions perſonnelles pour quelque Succeſſion dans les Etats voiſins, vous deviés ſoutenir cette Guerre ſur vôtre Domaine, ſur vos Epargnes, ſur vos Emprunts perſonnels: ou, du moins, ne prendre à cet Egard que les Secours qui vous auroient été donnez par la pure Affection de vos Peuples, & non pour les accabler d'Impôts pour ſoutenir des Prétentions qui n'intéreſſent point vos Sujets: car, ils n'en ſeront point plus heureux quand vous aurez une Province de plus. Quand CHARLES VIII. alla à Naples, pour recueillir la Succeſſion de la Maiſon d'Anjou, il entreprit cette Guerre à ſes Dépens: l'Etat ne ſe crut point obligé aux Fraix de cette Entrepriſe. Tout au plus, vous pourriés rece-

voir

voir en de telles Occasions les Dons des Peuples, faits par Affection & par rapport à la liaison qui est entre les Intérêts d'une Nation zélée & d'un Roi qui la gouverne en Pere. Mais, selon cette Vûe, vous seriés bien éloigné d'accabler les Peuples d'Impôts pour vôtre intérêt particulier.

DIRECTION XV.

N'AVEZ VOUS point toleré des Injustices, lors même que vous vous étes abstenu d'en faire? Avez-vous cho si avec assez de Soin, toutes les Personnes que vous avez mises en Autorité, les Intendans, les Gouverneurs, les Ministres, &c.? N'en avez-vous choisi aucun par Mollesse pour ceux qui vous les proposoient, ou par un secret Desir qu'ils poussassent au de-là des vraies Bornes vôtre Autorité ou vos Revenus? Vous étes-vous informé de leur Administration? Avez-vous fait entendre, que vous étiés prêt à écouter des Plaintes contre eux, & a en faire bonne Justice? L'avez-vous faite, quand vous avez découvert leurs Fautes ? N'avez-vous point donné, ou laissé prendre à vos Ministres des Profits excessifs, que leurs Services n'avoient point méritez ? Les Récompenses que le Prince donne à ceux qui servent sous lui, doivent toujours avoir certaines Bornes. Il n'est point permis de leur donner des Fortunes qui surpassent celles des Gens de la plus haute Condition, ni qui soient disproportionnées aux Forces présentes de l'Etat. Un Ministre, quelque Service qu'il ait rendu, ne doit point parvenir tout-à-coup à des Biens immenses, pendant que les Peuples souffrent, & que les Princes & les Seigneurs du prémier Rang sont nécessiteux. Il est encore moins permis de donner de telles Fortunes à des Favoris, qui, d'ordinaire, ont encore moins servi l'Etat que les Ministres.

DIRECTION XVI.

Avez-vous donné à tous les Commis des Bureaux de vos Ministres, & aux autres Personnes qui rem-

remplissent les Emplois subalternes, des Appointemens raisonnables, pour pouvoir subsister honnêtement sans rien prendre des Expéditions ? En même tems, avez-vous réprimé le Luxe & l'Ambition de ces Gens-là ? Si vous ne l'avez pas fait, vous êtes responsable de toutes les Exactions secretes qu'ils ont faites dans leurs Fonctions. D'un côté, ils n'entrent dans ces Places, qu'en comptant qu'ils y vivront avec Eclat & qu'ils y feront de promptes Fortunes. D'autre côté, ils n'ont d'ordinaire en Appointemens que le Tiers de l'Argent qu'il leur faut pour la Dépense honorable qu'ils font avec leurs Familles. Ils n'ont d'ordinaire aucun Bien par leur Naissance : que voulez-vous qu'ils fassent ? Vous les mettez dans une Espéce de Nécessité de prendre en secret tout ce qu'ils peuvent attraper sur l'Expédition des Affaires. Cela est évident : & c'est fermer les Yeux de mauvaise-foi, que de ne le pas voir. Il faudroit que vous leur donnassiés davantage, & que vous les empêchassiez de se mettre sur un trop haut pied.

DIRECTION XVII.

AVEZ-VOUS cherché les Moyens de ſoulager les Peuples, & de ne prendre ſur eux que ce que les vrais Beſoins de l'Etat vous ont contraint de prendre pour leur propre Avantage ? Le Bien des Peuples ne doit être employé qu'à la vraye Utilité des Peuples mêmes. Vous avez vôtre Domaine qu'il faut retirer & liquider : il eſt deſtiné à la Subſiſtance de vôtre Maiſon. Vous devez modérer cette Dépenſe ; ſurtout, quand vos Revenus de Domaine ſont engagés & que les Peuples ſont épuiſés. Les Subventions des Peuples doivent être employées pour les vrayes charges de l'Etat, Vous devez vous étudier à retrancher dans les Tems de Pauvreté publique, toutes les Charges qui ne ſont pas d'une abſoluë Néceſſité. Avez-vous conſulté les Perſonnes les plus habiles & les mieux intentionnées, qui peuvent vous inſtruire de l'Etat des Provinces, de la Culture des Terres, de la fertilité des Années derniéres, de

de l'Etat du Commerce, &c. pour ſavoir ce que l'Etat peut payer ſans ſouffrir ? Avez-vous réglé là-deſſus les Impôts de chaque Année ? Avez-vous écouté favorablement les Remontrances des Gens-de-Bien ? Loin de les réprimer, les avez-vous cherchées & prévenües comme un bon Prince le doit faire ? Vous ſavez, qu'autrefois le Roy ne prenoit jamais rien ſur ſes Peuples par ſa ſeule Autorité. C'étoit le Parlement, c'eſt-à-dire l'Aſſemblée de la Nation, qui lui accordoit les Fonds néceſſaires pour les Beſoins extraordinaires de l'Etat. Hors de ce Cas, il vivoit de ſon Domaine. Qu'eſt-ce qui a changé cet Ordre, ſi-non l'Autorité abſolue que les Rois ont priſe ? De nos jours, on voyoit encore les Parlemens, qui ſont des Compagnies infiniment inférieures aux anciens Parlemens ou Etats de la Nation, faire des Remontrances pour n'enregiſtrer pas les Edits burſaux. Du moins devez-vous n'en faire aucun, ſans avoir bien conſulté des Perſonnes incapables de vous flatter, & qui ayent un véritable Zêle pour le Bien public. N'avez-
vous

vous point mis sur les Peuples de nouvelles Charges pour soutenir vos Dépenses superflues ; le Luxe de vos Tables, de vos Equipages & de vos Meuble ; l'Embellissement de vos Jardins & de vos Maisons ; les Graces excessives que vous avez accordées à vos Favoris ?

DIRECTION XVIII.

N'AVEZ-VOUS point multiplié les Charges & les Offices, pour tirer de leur Création de nouvelles Sommes ? De telles Créations ne sont que des Impôts deguisés. Elles se tournent toutes à l'Oppression des Peuples, & elles ont trois Inconveniens que les simples Impôts n'ont pas. I. Elles sont perpétuelles quand on n'en fait pas le Remboursement ; & si on en fait le Remboursement, ce qui est ruineux pour vos Sujets, on recommence bientôt ces Créations. II. Ceux qui achetent ces Offices créez, veulent trouver au plûtôt leur Argent avec Usure : & vous leur livrez le Peuple pour l'écorcher. Pour cent mille Francs qu'on vous donnera,

nera, par exemple, ſur une Création d'Offices, vous livrez les Peuples pour cinq cent mille Francs de Véxations, qu'il ſouffrira ſans Reméde. III. Vous ruinez par ces Multiplications d'Offices la bonne Police de l'Etat : vous rendez la Juſtice de plus en plus vénale ; vous rendez la Réforme de plus en plus impraticable : vous obérez toute la Nation ; car, ces Créations deviennent des Eſpéces de Dettes de la Nation entiére : enfin, vous réduiſez tous les Arts & toutes les Fonctions, à des Monopoles qui gâtent & abatardiſſent tout. N'avez-vous point à vous reprocher de telles Créations, dont les Suites ſeront pernicieuſes pendant pluſieurs Siécles ? le plus ſage & le meilleur de tous les Rois, dans un Régne paiſible de cinquante Ans, ne pourroit raccommoder ce qu'un Roi peut avoir fait de Maux par ces ſortes de Créations en dix Ans de Guerre. N'avez-vous pas été trop facile pour des Courtiſans, qui, ſous Prétexte d'épargner vos Finances dans les Récompenſes qu'ils vous ont demandées, vous ont pro-

po-

posé ce qu'on appelle des *Affaires?* Ces Affaires sont toujours des Impôts déguisés sur le Peuple; qui troublent la Police; qui énervent la Justice; qui dégradent les Arts; qui géhennent le Commerce, qui chargent le Public, pour contenter en peu de tems l'Avidité d'un Courtisan fastueux & prodigue. Renvoyez vos Courtisans passer quelques Années dans leurs Terres, pour raccommoder leurs affaires. Apprenez-leur à vivre avec Frugalité. Montrez-leur que vous n'estimez que ceux qui vivent avec Régle, & qui gouvernent bien leurs Affaires. Témoignez du Mépris pour ceux qui se ruinent follement. Par-là, vous leur ferez plus de Bien, sans qu'il en coute un Sou, ni à vous, ni à vos Peuples, que si vous leur prodiguiés tout le bien public.

DIRECTION XIX.

N'AVEZ-VOUS jamais toleré & voulu ignorer, que vos Ministres ayent pris le Bien des Particuliers pour vôtre Usage, sans payer sa juste Valeur,

leur, ou du moins retardant le payement du Prix, en ſorte que ce Retardement a porté Dommage aux Vendeurs forcés? C'eſt ainſi, que des Miniſtres prennent des Maiſons de Particuliers, pour les enfermer dans les Palais des Rois, ou dans leurs Fortifications. C'eſt ainſi, qu'on depoſſéde les Propriétaires de leurs Seigneuries, ou Fiefs, ou Heritages, pour les mettre dans des Parcs. C'eſt ainſi, qu'on établit des Capitaineries de Chaſſe, où les Capitaines, accréditez auprès du Prince, ôtent la Chaſſe aux Seigneurs dans leurs propres Terres, juſqu'à la Porte de leurs Châteaux, & font mille Véxations au Païs. Le Prince n'en ſait rien, & peut-être n'en veut rien ſavoir. C'eſt à vous à ſavoir le Mal qu'on fait par votre Autorité. Informez-vous de la Vérité. Ne ſouffrez point, qu'on pouſſe trop loin vôtre Autorité. Ecoutez favorablement ceux qui vous en repréſentent les Bornes. Choiſiſſez des Miniſtres, qui ôſent vous dire en quoi on la pouſſe trop loin. Ecartez les Miniſtres durs, hautains, & entreprenans.

DIRECTION XX.

DANS les Conventions que vous faites avec les Particuliers, êtes-vous juste comme si vous étiés égal à celui avec qui vous traitez ? Est-il libre avec vous comme avec un de ses Voisins ? N'aime-t-il pas mieux souvent perdre, pour se racheter & pour se délivrer, que de soutenir son Droit ? Vos Fermiers, vos Traitans, vos Intendans, &c. ne tranchent-ils pas avec une Hauteur que vous n'auriez pas vous-même ; & n'étouffent-ils pas la Voix du Foible qui voudroit se plaindre ? Ne donnez-vous pas souvent à l'Homme avec qui vous contractez, des Dédommagemens en Rentes, en Engagemens sur vôtre Domaine, en Charge de nouvelle Création, qu'un Coup de plume de vôtre Successeur peut lui retrancher ; parce que les Rois sont toujours Mineurs, & que leur Domaine est inaliénable ? Ainsi on ôte aux Particuliers leur Patrimoine assuré, pour leur donner ce qui leur sera ôté dans la suite, avec une un Ruine inévitable de leurs Familles.

DIRECTION XXI.

N'AVEZ-VOUS point accordé aux Traitans pour hausser leurs Fermes, des Edits, ou Déclarations, ou Arrêts, avec des Termes ambigus, pour étendre vos Droits aux Dépens du Commerce, & même pour tendre des Piéges aux Marchands, & pour confisquer leurs Marchandises, ou du moins les fatiguer & les géner dans leur Commerce; afin qu'ils se rachettent par quelque Somme? C'est faire tort aux Marchands & au Public, dont on anéantit peu-à-peu par-là tout le Négoce.

DIRECTION XXII.

N'AVEZ-VOUS point toléré des Enrôllemens, qui ne fussent pas véritablement libres? Il est vrai, que les Peuples se doivent à la Défense de l'Etat. Mais, les Princes ne doivent faire que des Guerres justes & absolument nécessaires: mais, il faudroit qu'on choisit en chaque Village les jeunes Hommes libres, dont l'Absence ne nuiroit en rien, ni au Labourage, ni au Commerce, ni aux autres Arts nécessaires, & qui n'ont point de Famille à nourrir: mais il faudroit une Fidelité inviolable à leur donner leur Congé après un petit Nombre d'Années de Service; ensorte que d'autres vinssent les relever, & servir à leur Tour: Mais, laisser prendre des Hommes sans Choix & malgré eux; faire languir & souvent périr toute une Famille abandonnée par son Chef; arracher le Laboureur de sa Charuë, le tenir dix ou quinze Ans dans le Service, où il périt souvent de Misére dans des Hopitaux depourvûs des Secours nécessaires; c'est ce que rien ne peut excuser, ni devant Dieu, ni devant les Hommes.

DIRECTION XXIII.

AVEZ-VOUS eu Soin de faire délivrer chaque Galérien d'abord après le terme réglé par la Justice pour sa punition. L'Etat de ces Hommes est

est affreux : rien n'est plus inhumain, que de le prolonger au de-là du Terme. Ne dites point, qu'on manqueroit d'Hommes pour la Chiourme, si on observoit cette Justice : la Justice est préférable à la Chiourme. Il ne faut compter pour vraye & réelle Puissance, que celle que vous avez sans blesser la Justice, & sans prendre ce qui n'est pas à vous.

DIRECTION XXIV.

DONNEZ-VOUS à vos Troupes la Paye necessaire pour vivre sans piller ? Si vous ne le faites point, vous mettez vos Troupes dans une Nécessité évidente de commettre les Pillages & les Violences que vous faites semblant de leur défendre. Les punirez-vous, pour avoir fait ce que vous savez bien qu'ils ne peuvent pas s'empécher de faire, & faute de quoi votre Service seroit nécessairement d'abord abandonné ? D'un autre côté, ne les punirez-vous point, lors qu'ils commettront publiquement des Brigandages contre vos Défenses ? Rendrez-vous les Loix méprisables, & souffrirez-vous, qu'on se joue si indignement de vôtre Autorité ? Serez-vous manifestement contraire à vous-même ; & votre Autorité ne sera-t-elle qu'un Jeu trompeur, pour paroître réprimer les Desordres, & pour vous en servir à toute Heure ? Quelle Discipline, & quel Ordre y a-t-il à espérer dans des Troupes, où les Officiers ne peuvent vivre qu'en pillant les Sujets du Roi, qu'en violant à toute Heure ses Ordonnances, qu'en prenant par Force & par Tromperie des Hommes pour les enrôller ; & où les Soldats mourroient de Fain, s'ils ne méritoient pas tous les Jours d'être pendus ?

DIRECTION XXV.

N'AVEZ-VOUS point fait quelque Injustice aux Nations Etrangéres ? On pend un pauvre Malheureux, pour avoir volé une Pistole sur le grand Chemin, dans son Besoin extrême : & on traite de Héros un Homme qui fait la Conquête, c'est-à-dire, qui subjugue injustement les Pays d'un d'un Etat voisin. L'Usurpation d'un Pré ou d'une Vigne, est regardée comme un Péché irrémissible au Jugement de Dieu, à moins qu'on ne restitue : & on compte pour rien l'Usurpation des Villes & des Provinces. Prendre un champ à un Particulier est un grand Péché : prendre un grand Païs à une Nation est une Action innocente & glorieuse. Où sont donc les Idées de Justice? Dieu jugera-t-il ainsi? *Existimasti iniquè quòd ero tui similis?* Doit-on moins être juste en grand qu'en petit? La Justice n'est-elle plus Justice, quand il s'agit des plus grands Intérêts? Des millions d'Hommes qui composent une Nation, sont-ils moins nos Fréres qu'un seul Homme? N'aura-t-on aucun Scrupule de faire à des millions d'Hommes l'Injustice sur un Païs entier, qu'on n'ôseroit faire pour un Pré à un Homme seul? Tout ce qui est pris par pure Conquête est donc pris très injustement, & doit être restitué. Tout ce qui est pris dans une Guerre entreprise sur un mauvais Fondement, est de même. Les Traités de Paix ne cou-

couvrent rien, lorsque vous êtes le plus fort, & que vous réduisez vos Voisins à signer le Traité, pour éviter de plus grands Maux. Alors, il signe comme un Particulier donne sa Bourse à un Voleur qui lui tient le Pistolet sur la Gorge.

La Guerre, que vous avez commencée mal-à-propos, & que vous avez soutenue avec Succès, loin de vous mettre en Sureté de Conscience, vous engage non seulement à la Restitution des Païs usurpez, mais encore à la Réparation de tous les Dommages causez sans Raison à vos Voisins.

Pour les Traités de Paix, il faut les compter nuls non seulement dans les Choses injustes que la Violence a fait passer, mais encore dans celles où vous pourriés avoir mêlé quelque Artifice & quelque Terme ambigu, pour vous en prévaloir dans les Occasions favorables. Vôtre Ennemi est vôtre Frére: vous ne pouvez l'oublier sans oublier l'Humanité. Il ne vous est jamais permis de lui faire du Mal, quand vous pouvez l'éviter san vous nuire : & vous ne pouvez jamai

cher

chercher aucun Avantage contre lui que par les Armes, dans l'extrême Nécessité. Dans les Traités, il ne s'agit plus d'Armes, ni de Guerre: il ne s'agit que de Paix, de Justice, d'Humanité, & de Bonne-Foi. Il est encore plus infame & plus criminel, de tromper dans un Traité de Paix avec un Peuple voisin, que de tromper dans un Contract avec un Particulier. Mettre dans un Traité des Termes ambigus & captieux, c'est préparer des Semences de Guerre pour l'Avenir: c'est mettre des Caques de Poudre sous les Maisons où l'on habite.

DIRECTION XXVI.

QUAND il a été question d'une Guerre, avez-vous d'abord examiné & fait examiner vôtre Droit, par les Personnes les plus intelligentes; & les moins flatteuses pour vous? Vous êtes-vous défié des Conseils de certains Ministres, qui ont intérêt de vous engager à la Guerre, ou qui du moins cherchent à flatter vos Passions, pour tirer de vous dequoi contenter les leurs ? Avez-vous cherché toutes les Raisons qui pouvoient être contre vous ? Avez-vous écouté favorablement ceux qui les ont approfondies ? Vous êtes-vous donné le Tems de savoir les Sentimens de tous vos plus sages Conseillers, sans les prévenir ?

N'AVEZ-vous point regardé vôtre Gloire personnelle comme une Raison d'entreprendre quelque-chose, de peur de passer vôtre Vie sans vous distinguer des autres Princes ? Comme si les Princes pouvoient trouver quelque Gloire solide à troubler le Bonheur des Peuples, dont ils doivent être les Péres ! Comme si un Pére de Famille pouvoit être estimable par les Actions qui rendent ses Enfans malheureux ! Comme si un Roi avoit quelque Gloire à espérer ailleurs que dans sa Vertu, c'est-à-dire, dans sa Justice, & dans le bon Gouvernement de son Peuple ! N'avez-vous point cru, que la Guerre étoit nécessaire, pour acquérir des Places qui étoient à vôtre Bienséance, & qui feroient la Sureté de vôtre Frontiére ? Etrange Régle ! Par les Convenannances, on ira de proche en proche jusqu'à la Chine.

POUR la Sureté d'une Frontiére, on la peut trouver, sans prendre le Bien d'autrui Fortifiez vos propres Places, & n'usurpez point celles de vos Voisins Voudriez vous, qu'un Voisin vous prît tout ce qu'il croiroit commode pour sa Sûreté? Vôtre Sûreté n'est point un Titre de Propriété pour le Bien d'autrui. La vraye Sûreté pour vous, c'est d'être juste: c'est de conserver de bons Alliés, par une Conduite droite & moderée: c'est d'avoir un Peuple nombreux, bien nourri, bien affectionné, & bien discipliné. Mais, qu'y a-t-il de plus contraire à vôtre Sureté, que de faire éprouver à vos Voisins, qu'ils n'en peuvent jamais trouver aucune avec vous, & que vous êtes toujours prêt à prendre sur eux tout ce qui vous accommode?

DIRECTION XXVII.

AVEZ-VOUS bien examiné si la Guerre dont il s'agissoit, étoit nécessaire à vos Peuples ? Peut-être ne s'agissoit-il que de quelque Prétention qui vous regardoit personnellement, vos Peuples n'y aïant aucun Interêt réel. Que leur importe, que vous ayez une Province de plus ? Ils peuvent par Affection pour vous, si vous les traitez en Pére, faire quelque Effort pour vous aider à recueillir les Successions d'Etat, qui vous sont dûës légitimement. Mais, pouvez-vous les accabler d'Impôts malgré eux, pour trouver les fonds nécessaires à une Guerre qui ne leur est utile en rien ? Bien plus : supposé même que cette Guerre regarde précisément l'Etat, vous avez dû regarder, si elle est plus utile que dommageable. Il faut comparer les Fruits qu'on en peut tirer, ou du moins les Maux qu'on pourroit craindre si on ne la faisoit pas, avec les Inconvéniens qu'elle entrainera après elle.

TOU-

TOUTE Compenſation exactement faite, il n'y a preſque point de Guerre, même heureuſement terminée, qui ne faſſe beaucoup plus de Mal que de Bien à un Etat. On n'a qu'à conſidérer combien elle ruïne de Familles, combien elle fait périr d'Hommes, combien elle ravage & dépeuple de Païs, combien elle dérégle un Etat, combien elle y renverſe les Loix, combien elle autoriſe la Licence, combien il faudroit d'Années pour réparer ce que deux Ans de Guerre cauſent de Maux contraires à la bonne Politique dans un Etat. Tout Homme ſenſé, & qui agiroit ſans Paſſion, entreprendroit-il le Procès le mieux fondé ſelon les Loix, s'il étoit aſſuré, que ce Procès, même en le gagnant, feroit plus de Mal que de Bien à la nombreuſe Famille dont il eſt chargé ?

CETTE juſte Compenſation des Biens & des Maux de la Guerre determineroit toujours un bon Roi à éviter la Guerre, à cauſe de ſes funeſtes Suites : car, où ſont les Biens qui puiſſent contrebalancer tant de Maux inévitables ; ſans parler des Périls

rils des mauvais Succès ? Il ne peut y avoir qu'un ſeul Cas, où la Guerre, malgré tous ſes Maux, devient néceſſaire. C'eſt ce Cas, où l'on ne pourroit l'éviter qu'en donnant trop de Priſe & d'Avantage à un Ennemi injuſte, artificieux, & trop puiſſant. Alors en voulant par Foibleſſe éviter la Guerre, on y tomberoit encore plus dangereuſement: on feroit une Paix, qui ne ſeroit pas une Paix & qui n'en auroit que l'Apparence trompeuſe. Alors, il faut malgré ſoi faire vigoureuſement la Guerre, par le Déſir ſincére d'une bonne & conſtante Paix. Mais, ce Cas unique eſt plus rare qu'on ne s'imagine : & ſouvent on le croit réel, qu'il eſt très chimérique.

QUAND un Roi eſt juſte, ſincére, inviolablement fidéle à tous ſes Alliés, & puiſſant dans ſon Païs par un ſage Gouvernement, il a dequoi bien réprimer les Voiſins inquiets & injuſtes qui veulent l'attaquer. Il a l'Amour de ſes Peuples, & la Confiance de ſes Voiſins. Tout le Monde eſt intéreſſé à le ſoutenir. Si ſa Cauſe eſt juſte, il n'a qu'à prendre tou-

toutes les Voyes les plus douces, avant que de commencer la Guerre. Il peut, étant déja puiſſamment armé, offrir de croire certains Voiſins neutres & deſintéreſſés, prendre quelque choſe ſur lui pour la Paix, eviter tout ce qui aigrit les Eſprits, & tenter toutes les Voyes d'Accommodement. Si tout cela eſt inutile, & ne ſert de rien, il en fera la Guerre avec plus de Confiance en la Protection de Dieu, avec plus de Zéle de ſes Sujets, avez plus de Secours de ſes Alliés. Mais, il arrivera très rarement, qu'il ſoit réduit à faire la Guerre dans de telles Circonſtances. Les trois Quarts des Guerres ne s'engagent que par Hauteur, par Fineſſe, par Avidité, par Précaution.

DI-

DIRECTION XXVIII.

AVEZ-VOUS été fidele à tenir Parole à vos Ennemis, pour les Capitulations, pour les Cartels, &c? Il y a les Loix de la Guerre qu'il ne faut pas moins religieusement garder, que celles de la Paix. Lors même qu'on est en Guerre, il reste un certain Droit des Gens, qui est le Fonds de l'Humanité même. C'est un Lien sacré & inviolable entre les Peuples, que nulle Guerre ne peut rompre. Autrement, la Guerre ne seroit plus qu'un Brigandage inhumain, qu'une Suite perpétuelle de Trahisons, d'Assassinats, d'Abominations, & de Barbaries. Vous ne devez faire à vos Ennemis, que ce que vous croyez qu'ils ont Droit de vous faire. Il y a les Violences & les Ruses de Guerre, qui sont réciproques, & auxquelles chacun s'attend. Pour tout le Reste, il faut une Bonne-Foi & une Humanité entiére. Il n'est point permis de rendre Fraude pour Fraude. Il n'est point permis, par exemple, de donner des Paroles en vûë d'en d'en manquer, parce qu'on vous en a données, auxquelles on a manqué ensuite.

D'AILLEURS, pendant la Guerre entre deux Nations, indépendantes l'une de l'autre, la Couronne la plus noble, ou la plus puissante, ne doit point se dispenser de subir avec Egalité toutes les Loix communes de la Guerre. Un Prince, qui jouë avec un Particulier, ne doit pas moins observer que lui toutes les Loix du Jeu. Dès qu'il jouë avec lui, il devient son Egal, pour le Jeu seulement. Le Prince le plus élevé, & le plus puissant, doit se picquer d'être le plus fidele à suivre toutes les Regles pour les Contributions qui mettent ses Peuples à couvert des Captures, des Massacres, des Incendies; pour les Cartels, pour les Capitulations, &c.

DI-

DIRECTION XXIX.

Il ne suffit pas de garder les Capitulations à l'égard des Ennemis : il faut encore les garder religieusement à l'égard des Peuples conquis. Comme vous devez tenir Parole à la Garnison d'une Ville prise, & n'y faire aucune Surpercherie sur des Termes ambigus : tout de même, vous devez tenir Parole au Peuple de cette Ville & de ses Dépendances. Qu'importe à qui vous ayez promis des Conditions pour ce Peuple ? Que ce soit à lui, ou à la Garnison, tout cela est égal. Ce qui est certain, c'est que vous avez promis des Conditions pour ce Peuple : c'est à vous à les garder inviolablement. Qui pourra se fier à vous, si vous y manquez ? Qu'y aura-t-il de sacré, si une Promesse si solemnelle ne l'est pas ? C'est un Contract fait avec ces Peuples, pour les rendre vos Sujets : commencerez-vous par violer vôtre Titre fondamental ? Ils ne vous doivent Obéissance, que suivant ce Contract ; &, si vous le violez, vous

vous ne méritez plus qu'ils l'obſervent.

DIRECTION XXX.

PENDANT la Guerre, n'avez-vous point fait de maux inutiles à vos Ennemis? Ces Ennemis ſont toujours Hommes, & toujours vos Fréres. Si vous êtes vrai Homme, vous ne devez leur faire que les Maux que vous ne pouvez vous diſpenſer de leur faire, pour vous garantir de ceux qu'ils vous préparent, & pour les réduire à une juſte Paix. N'avez vous point inventé & introduit à pure Perte & par Paſſion ou par Hauteur, de nouveaux Genres d'Hoſtilités? N'avez-vous point autoriſé des Ravages, des Incendies, des Sacriléges, des Maſſacres, qui n'ont décidé de rien; ſans leſquels vous pouviez défendre vôtre Cauſe, & malgré leſquels vos Ennemis ont également continué leurs Efforts contre vous? Vous devez rendre Compte à Dieu & réparer Selon l'Etendue de vôtre Pouvoir, tous les maux que vous avez autorisés, & qui ont été faits sans Nécessité.

DIRECTION XXXI.

Avez-vous exécuté ponctuellement les Traités de Paix? Ne les avez-vous jamais violés sous de beaux Prétextes? A l'égard des Articles des anciens Traités de Paix qui sont ambigus, au lieu d'en tirer des Sujets de Guerre, il faut les interpréter par la Pratique qui les a suivis immédiatement. Cette Pratique immédiate est l'interprétation infaillible des Paroles. Les Parties, immédiatement après le Traité, s'entendoient elles-mêmes parfaitement: elles savoient mieux alors ce qu'elles avoient voulu dire, qu'on ne le peut savoir cinquante Ans après. Ainsi, la Possession est décisive à cet Egard-là; & vouloir la troubler, c'est vouloir éluder ce qu'il y a de plus assuré, & de plus inviolable dans le Genre-Humain. Pour donner quelque Consistance au Monde, & quelque Sûreté aux Nations, il faut supposer par pré-

préférence à tout le Reste, deux Points, qui sont comme les deux Poles de la Terre entiére ; l'un, que tout Traité de Paix, juré entre deux Princes est inviolable à leur Egard, & doit toujours être pris simplement dans son Sens le plus naturel, & interprété par l'Exécution immédiate : l'autre que toute Possession paisible, & non interrompue, depuis les Tems que la Jurisprudence demande pour les Prescriptions les moins favorables, doit acquérir une Propriété certaine & légitime à celui qui a cette Possession, quelque Vice qu'elle ait pu avoir dans son Origine. Sans ces deux Régles fondamentales, point de Repos, ni de Sûreté dans tout le Genre-Humain. Les avez-vous toujours suivies ?

DIRECTION XXXII.

Avez-vous fait Justice au Mérite de tous les principaux Sujets, que vous pouviez mettre dans les Emplois ? En ne faisant pas Justice aux Particuliers sur leurs Biens, comme sur leurs Terres, sur leurs Rentes, &c. Vous n'avez fait Tort qu'à ces Particuliers, & à leurs Familles. Mais, en ne comptant pour rien dans le choix des Hommes, ni la Vertu, ni les Talens, c'est à tout vôtre Etat, que vous avez fait une Injustice irréparable. Ceux que vous n'avez point choisis pour les Places, n'ont rien perdu d'effectif ; parce que ces Places n'auroient été pour eux, que des Occasions dangereuses pour leur Salut & pour leur Repos temporel : mais, c'est tout vôtre Royaume que vous avez privé injustement d'un Secours que Dieu lui avoit préparé. Les Hommes d'un esprit élevé & d'un Cœur droit, sont plus rares qu'on ne sauroit le croire. Il faudroit les aller cher-

chercher jusques au Bout du Monde: *Procul, & de ultimis Finibus Pretium ejus*, comme dit le Sage de la Femme forte. Pourquoi avez-vous privé l'Etat du Secours de ces Hommes supérieurs aux autres ? Vôtre Devoir n'étoit-il pas de choisir pour les prémieres Places, les prémiers Hommes ? N'étoit-ce pas-là vôtre principale Fonction ? Un Roi ne fait pas la Fonction de Roi, en réglant les Détails que d'autres qui gouvernent sous lui pourroient régler. Sa Fonction essentielle est de faire ce que nul autre que lui ne peut faire. C'est de bien choisir ceux qui exercent son autorité sous lui : c'est de mettre chacun dans la Place qui lui convient; & de faire tout dans l'Etat, non par lui-même, ce qui est impossible, mais en faisant tout faire par des Hommes qu'il choisit, qu'il anime, & qu'il redresse. Voilà la véritable Action de Roi. Avez-vous quitté tout le Reste, que d'autres peuvent faire sous vous, pour vous appliquer à ce Devoir essentiel, que vous seul pouvez remplir ? Avez-vous eu Soin de jetter les Yeux ſur un certain Nombre de Gens cenſez & bien intentionnés, par qui vous puiſſiez être averti de tous les Sujets de chaque Profeſſion, qui s'élevent, & qui ſe diſtinguent ? Les avez-vous queſtionnés tous ſéparément, pour voir ſi leurs Témoignages ſur chaque Sujet ſeroient uniformes ? Avez-vous eu la Patience d'examiner par ces divers Canaux, les Sentimens, les Inclinations, les Habitudes, la Conduite de chaque Homme que vous pouvez placer ? Avez-vous vû ces Hommes vous-même ? Expédier des Détails dans un Cabinet où l'on ſe renferme ſans ceſſe, c'eſt dérober ſon plus précieux Tems à l'Etat. Il faut qu'un Roi voye, parle, écoute beaucoup de Gens ; qu'il apprenne par ſon Expérience à étudier les Hommes, qu'il les connoiſſe par un fréquent Commerce & par un Accès libre.

Il y a deux Maniéres de les connoître. L'une eſt la Converſation. Si vous étudiez Bien les Hommes, ſans paroître néanmoins les étudier, la Converſation vous ſera beaucoup plus utile, que beaucoup de Travaux qu'on qu'on croiroit plus importans. Vous y remarquerez la Légéreté, l'Indiscrétion, la Vanité, l'Artifice des Hommes; leurs Flatteries, leurs fausses Maximes. Les Princes ont un Pouvoir infini sur ceux qui les approchent: & ceux qui les approchent, ont une Foiblesse infinie en les approchant. La Vue des Princes réveille toutes les Passions, & rouvre toutes les Plaies du Cœur. Si un Prince sait profiter de cet Ascendant, il sentira bientôt les Foiblesses de chaque Homme. L'autre Maniére d'éprouver les Hommes est de les mettre dans les Emplois subalternes, pour essayer s'ils seront propres aux Emplois Supérieurs. Suivez les Hommes dans les Emplois que vous leur confiez, ne les perdez jamais de Vûe, sachez ce qu'ils font, faites leur rendre Compte de ce que vous leur avez donné à faire. Voilà de quoi leur parler, quand vous les voïez: jamais vous ne manquerez de Sujet de Conversations. Vous verrez leur Naturel, par les Partis qu'ils ont pris d'eux-mêmes. Quelquefois, il est à propos de leur cacher vos Sentimens, pour découvrir les leurs. Demandez leur Conseil, & n'en prenez que ce qu'il vous plaira.

Telle est la vraye Fonction de Roi. L'avez-vous remplie ? N'avez-vous point négligé de connoître les Hommes, par Paresse d'Esprit, par une Humeur qui vous rend particulier, par une Hauteur qui vous éloigne de la Société, par des Détails qui ne sont que des Vetilles en comparaison de l'Etude des Hommes, enfin par des Amusemens dans vôtre Cabinet sous Prétexte de Travail secret ? N'avez-vous point craint, & écarté les Sujets forts & distingués des autres ? N'avez-vous pas craint, qu'ils vous verroient de trop près, & pénétreroient trop dans vos Foiblesses, si vous les approchiez de vôtre Personne ? N'avez-vous pas craint qu'ils ne vous flatteroient pas, qu'ils contrediroient vos Passions injustes, vos Mauvais Gouts, vos Motifs bas & indécens ? N'avez-vous pas mieux aimé vous servir de certains Hommes intéressés & artificieux, qui vous flattent, qui font semblant de ne voir jamais vos Défauts, & qui applauplaudissent à toutes vos Fantaisies ; ou bien de certains Hommes médiocres & souples, que vous dominez aisément, que vous espérez éblouïr, qui n'ont jamais le Courage de vous résister, & qui vous gouvernent d'autant plus, que vous ne vous défiez point de leur Autorité & que vous ne craignez point qu'ils paroissent d'un Génie supérieur au vôtre ? N'est-ce point par ces Motifs si corrompus, que vous avez rempli les principales Places d'Hommes foibles ou dépravez ; & que vous avez laissé loin de vous tout ce qu'il y avoit de meilleur pour vous aider dans les grandes Affaires ? Prendre les Terres, les Charges & l'Argent d'autrui, n'est point une Injustice comparable à celle que je viens d'expliquer.

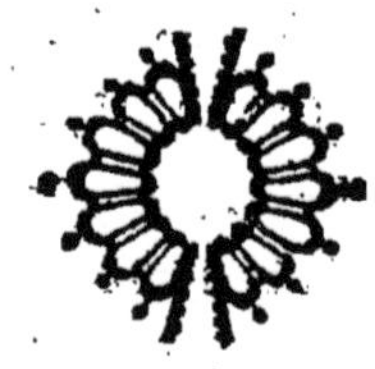

DIRECTION XXXIII.

N'AVEZ-VOUS point accoutumé vos Domestiques à une Dépense au-dessus de leur Condition, & à des Récompenses qui chargent l'Etat? Vos Valets-de-Chambre, vos Valets-de-Garde-Robe, &c. Ne vivent-ils pas comme des Seigneurs, pendant que les vrais Seigneurs languissent dans vôtre Anti-Chambre sans aucun Bienfait; & que beaucoup d'autres des plus illustres Maisons sont dans le Fond des Provinces, réduits à cacher leur Misére? N'avez-vous point autorisé, sous Prétexte d'orner vôtre Cour, le Luxe d'Habits, de Meubles, d'Equipages, & de Maisons, de tous ces Officiers subalternes, qui n'ont ni Naissance, ni Mérite solide; & qui se croyent au-dessus des Gens-de-Qualité, parce qu'ils vous parlent familiérement & qu'ils obtiennent facilement des Graces? Ne craignez vous pas trop leur Importunité? N'avez-vous point craint de les facher, plus que de manquer à la Jus-

Justice ? N'avez-vous pas été trop ſenſible aux vaines Marques de Zéle & d'attachement tendre pour votre Perſonne, qu'ils s'empreſſent de vous témoigner, pour vous plaire, & pour avancer leur Fortune ? Ne les avez-vous pas rendus malheureux, en leur laiſſant concevoir des Eſpérances diſproportionnées à leur Etat & à vôtre Affection pour eux ? N'avez-vous pas ruïné leurs Familles, en les laiſſant mourir ſans Récompenſe ſolide qui reſte à leurs Enfans, après que vous les avez laiſſé vivre dans un Faſte ridicule, qui a conſumé les grands Bienfaits qu'ils ont reçus de vous pendant leur Vie ? N'en a-t'il pas été de même des autres Courtiſans, chacun ſelon ſon Degré ? Ils ſucent pendant qu'ils vivent, le Royaume entier ; en quelque Tems qu'ils meurent, ils laiſſent leurs Familles ruïnées. Vous leur donnez trop, & vous leur faites encore plus dépenſer. Ainſi, ceux qui ruïnent l'Etat, ſe ruïnent eux-mêmes. C'eſt vous, qui en êtes Cauſe, en aſſemblant autour de vous tant d'Hommes inutiles, faſtueux, diſſipateurs, & qui

qui se font de leurs plus folles Dissipations un Titre auprès de vous, pour vous demander de nouveaux Biens, qu'ils puissent encore dissiper.

DIRECTION XXXIV.

N'AVEZ-VOUS point pris des Préventions contre quelqu'un, sans avoir jamais examiné les Faits ? C'est ouvrir la Porte à la Calomnie & aux faux Rapports, ou du moins prendre témérairement les Préventions des Gens qui vous approchent, & en qui vous vous confiez. Il n'est point permis de n'écouter & de ne croire qu'un certain Nombre de Gens. Ils sont, certainement Hommes : & quand même ils seroient incorruptibles, du moins ils ne sont pas infaillibles. Quelque Confiance que vous ayez en leurs Lumiéres & en leur Vertu, vous êtes obligé d'examiner s'ils ne sont point trompez par d'autres, & s'ils ne s'entêtent point. Toutes les fois que vous vous livrerez à un certain Nombre de Personnes, qui sont liées ensemble

ble par les mêmes Intérêts, ou par les mêmes Sentimens, vous vous exposez volontairement à être trompé & à faire des Injustices. N'avez-vous point quelquefois fermé les Yeux à certaines Raisons fortes, ou du moins n'avez-vous pas pris certains Partis rigoureux, dans le Doute, pour contenter ceux qui vous environnent & que vous craignez de fâcher ? N'avez-vous pas pris le Parti, sur des Rapports incertains, d'écarter des Emplois des Gens qui ont des Talens, & un Mérite distingué ? On dit en soi-même : *Il n'est pas possible d'éclaircir ces Accusations ; le plus sûr est d'éloigner des Emplois cet Homme.* Mais, cette prétendue Précaution est le plus dangereux de tous les Piéges. Par-là, on n'approfondit rien, & on donne aux Rapporteurs tout ce qu'ils prétendent. On juge le Fond sans examiner ; car, on exclut le Mérite, & on se laisse effaroucher contre toutes les Personnes que les Rapporteurs veulent rendre suspectes. Qui dit un Rapporteur, dit un Homme qui s'offre pour faire ce Métier, qui s'insinue par

par cet horrible Métier, & qui par conséquent est manifestement indigne de toute Créance. Le croire, c'est vouloir s'exposer à égorger l'Innocent. Un Prince, qui prête l'Oreille aux Rapporteurs de Profession, ne mérite de connoître ni la Vérité, ni la Vertu. Il faut chasser & confondre ces Pestes de Cour. Mais, comme il faut être averti, le Prince doit avoir d'Honnêtes-Gens, qu'il oblige malgré eux, à veiller, à observer, à savoir ce qui se passe, & à l'en avertir sécrétement. Il doit choisir pour cette Fonction, les Gens à qui elle répugne d'avantage, & qui ont le plus d'Horreur pour le Métier infame de rapporter. Ceux-ci ne l'avertiront que des Faits véritables & importans : ils ne lui diront point toutes les Bagatelles qu'il doit ignorer, & sur lesquelles il doit être commode au Public. Du moins, ils ne lui donneront les Choses douteuses, que comme douteuses : & ce sera à lui à les approfondir, ou à suspendre son Jugement si elles ne peuvent être éclaircies.

DI-

DIRECTION XXXV.

N'AVEZ-VOUS point trop répandu de Bienfaits sur vos Ministres, sur vos Favoris, & sur leurs Créatures, pendant que vous avez laissé languir dans le Besoin des Personnes de Mérite, qui ont long-tems servi & qui manquent de Protection? D'ordinaire, le grand Défaut des Princes est d'être foibles, mous, & inappliqués. Ils ne sont presque jamais déterminez par le Mérite, ni par les vrais Défauts des Gens. Le Fond des Choses n'est pas ce qui les touche: leur Décision, d'ordinaire, vient de ce qu'ils n'osent refuser ceux qu'ils ont l'Habitude de voir, & de croire. Souvent, ils les souffrent avec Impatience, & ne laissent pourtant pas de demeurer subjugués. Ils voyent les Défauts de ces Gens-là & se contentent de les voir. Ils se savent bon gré de n'en être pas les Dupes; après quoi, ils les suivent aveuglement. Ils leur sacrifient le Mérite, l'Innocence, les Talens distingués, & les plus longs Services,

vices. Quelquefois, ils écouteront favorablement un Homme, qui ôsera leur parler contre ces Ministres, ou ces Favoris, & ils verront des Faits clairement vérifiés. Alors, ils gronderont, & feront entendre à ceux qui auront osé parler, qu'ils seront soutenus contre le Ministre, ou contre le Favori. Mais, bientôt le Prince se lasse de protéger celui qui ne tient qu'à lui seul. Cette Protection lui coûte trop dans le Détail : & de peur de voir un Visage mécontent dans la Personne du Ministre, l'Honnête-Homme, par qui l'on avoit sçû la Vérité, sera abandonné à son Indignation. Après cela, méritez vous d'être averti ? Pouvez-vous espérer de l'être ? Quel est l'Homme sage, qui osera aller droit à vous, sans passer par le Ministre, dont la Jalousie est implacable ? Ne méritez-vous pas de ne plus voir que par ses Yeux ? N'êtes-vous pas livré à ses Passions les plus injustes, & à ses Préventions les plus déraisonnables ? Vous laissez-vous quelque Remède contre un si grand Mal ?

DI-

DIRECTION XXXVI.

NE vous laiſſez-vous point éblouir par certains Hommes vains, hardis, & qui ont l'Art de ſe faire valoir; pendant que vous négligez & laiſſez loin de vous, le Mérite ſimple, modeſte, timide & caché? Un Prince montre la Groſſiéreté de ſon Goût, lorſqu'il ne ſait pas diſcerner combien ces Eſprits ſi hardis, & qui ont l'Art d'impoſer, ſont ſuperficiels & pleins de Défaux mépriſables. Un Prince ſage & pénetrant n'eſtime, ni les Eſprits évaporés, ni les grands Parleurs, ni ceux qui décident d'un Ton de Confiance, ni les Critiques dédaigneux, ni les Mocqueurs qui tournent tout en Plaiſanterie. Il mépriſe ceux qui trouvent tout facile, qui applaudiſſent à tout ce qu'il veut, qui ne conſiſtent que ſes Yeux, ou le Ton de ſa Voix, pour deviner ſa Penſée, & pour l'approuver. Il recule loin des Emplois de Confiance, ces Hommes qui n'ont que des Dehors ſans Fond. Au contraitraire, il cherche, il prévient, il attire à ſoi les Perſonnes judicieuſes & ſolides, qui n'ont aucun Empreſſement, qui ſe défient d'elles-mêmes, qui craignent les Emplois, qui promettent peu & qui tâchent de faire beaucoup, qui ne parlent guères & qui penſent toujours, qui parlent d'un Ton douteux, & qui ſavent contredire avec Reſpect.

De tels Sujets demeurent ſouvent obſcurs dans les Places inférieures, pendant que les premiéres ſont occupées par des Hommes groſſiers & hardis, qui ont impoſé au Prince, & qui ne ſervent qu'à montrer combien il manque de Diſcernement. Tandis que vous négligerez de chercher le Mérite caché, & de réprimer les Gens empreſſés, & dépourvus des Qualités ſolides, vous ſerez reſponſable devant Dieu de toutes les Fautes qui ſeront faites par ceux qui agiront ſous vous. Le Métier d'adroit Courtiſan perd toutdans un Etat. Les Eſprits les plus courts & les plus corrompus, ſont ſouvent ceux qui apprennent le mieux cet indigne Métier. CeMétier gâte tous les

les autres : le Médecin néglige la Médecine : le Prélat oublie les Devoirs de son Ministère ; le Général d'Armée songe bien plus à faire sa Cour, qu'à défendre l'Etat : l'Ambassadeur négocie bien plus pour ses propres Intérêts à la Cour de son Maître, qu'il ne négocie pour les Intérêts de son Maître à la Cour où il est envoyé. L'Art de faire sa Cour gâte les Hommes de toutes les Professions & étouffe le vray Mérite.

RABAISSEZ donc ces Hommes, dont tout le Talent ne consiste qu'à plaire, qu'à flatter, qu'à éblouïr, qu'à s'insinuer pour faire Fortune. Si vous y manquez, vous remplirez indignement vos Places, & le vray Mérite demeurera toujours en arrierre. Vôtre Devoir est de reculer ceux qui s'avancent trop, & d'avancer ceux qui demeurent reculés en faisant leur Devoir.

DIRECTION XXXVII.

ET DERNIERE.

N'AVEZ-VOUS point entassé trop d'Emplois sur la Tête d'un seul Homme, soit pour contenter son Ambition, soit pour vous épargner la Peine d'avoir beaucoup de Gens à qui vous soyés obligé de parler? Dès qu'un Homme est l'Homme-à-la-Mode, on lui donne tout, on voudroit qu'il fit lui seul toutes Choses. Ce n'est pas qu'on l'aime; car on n'aime rien: ce n'est pas qu'on s'y fie; car on se défie de la Probité de tout le Monde: ce n'est pas qu'on le trouve parfait: car on est ravi de le critiquer souvent: mais, c'est qu'on est paresseux & sauvage. On ne veut point avoir à compter avec tant de Gens. Pour en voir moins & pour n'être point observé de près par tant de Personnes, on fera faire à un seul Homme ce que quatre auroient grand Peine à bien faire. Le Public en souffre, les Expéditions languissent; les Surprises

&

& les Injustices sont plus fréquentes & plus irrémédiables. L'Homme est accablé & seroit bien faché de ne l'être pas. Il n'a le Tems, ni de penser, ni d'approfondir, ni de faire des Plans, ni d'étudier les Hommes dont il se sert: il est toujours entrainé au Jour la Journée, par un Torrent de Détails à expédier.

D'AILLEURS, cette Multitude d'Emplois sur une seule Tête, souvent assez foible, exclud tous les meilleurs Sujets, qui pourroient se former & faire de grandes Choses. Tout Talent demeure étouffé. La Paresse du Prince en est la vraye Cause. Les plus petites Raisons décident sur les grandes Affaires. Delà naissent des Injustices innombrables. *Pauca de te*, disoit Saint Augustin au Comte Boniface, *sed multa propter te*. Peut-être ferez-vous peu de Mal par vous-même; mais il s'en fera d'infinis par vôtre Autotiré mise en mauvaises Mains.

F I N.

SUPPLEMENT, OU ADDITION

AUX DIRECTIONS PRE'CE'DENTES XXV–XXX,

Concernant en particulier,

Non seulement le Droit légitime, mais même la Nécessité indispensable de former des Alliances, tant offensives que deffensives, contre une Puissance supérieure, justement redoutable aux autres, & tendant manifestement à la Monarchie Universelle.

LES ETATS Voisins les uns des autres ne sont pas seulement obligés à se traiter mutuellement selon les Régles de la Justice & de la Bonne-Foi ; mais ils doivent encore pour leur Sûreté particuliére, autant que pour l'Intérêt commun, faire une Espece de

So

Société & de République généra-lé.

Il faut compter, qu'à la longue, la plus grande Puissance prévaut toujours & renverse les autres, si les autres ne se réünissent point pour faire le Contre-Poids. Il n'est pas permis d'espérer parmi les Hommes, qu'une Puissance supérieure demeure dans les Bornes d'une exacte Modération; & qu'elle ne veuille dans sa Force, que ce qu'elle pourroit obtenir dans sa plus grande Foiblesse. Quand même un Prince seroit assez parfait, pour faire un Usage si merveilleux de sa Prospérité, cette Merveille finiroit avec son Régne. L'Ambition naturelle des Souverains, les Flatteries de leurs Conseillers, & la Prévention des Nations entiéres, ne permettent pas de croire, qu'une Nation qui peut subjuguer les autres, s'en abstienne pendant des Siécles entiers. Un Régne où éclateroit une Justice si extraordinaire, seroit l'Ornement de l'Histoire, & un Prodige qu'on ne peut plus revoir.

Il faut donc compter sur ce qui

est réel & journalier, qui est, que chaque Nation cherche à prévaloir sur toutes les autres qui l'environnent. Chaque Nation est donc obligée à veiller sans cesse, pour prévenir l'excessif Aggrandissement de chaque Voisin, pour sa Sûreté propre. Empêcher le Voisin d'être trop puissant, ce n'est point faire un Mal: c'est se garantir de la Servitude, & en garantir ses autres Voisins. En un mot, c'est travailler à la Liberté, à la Tranquillité, au Salut public. Car l'Agrandissement d'une Nation au-de-là d'une certaine Borne, change le Systême général de toutes les Nations qui ont Rapport à celle-là. Par exemple, toutes les Successions qui sont entrées dans la Maison de Bourgogne, puis celles qui ont élevé la Maison d'Autriche, ont changé la Face de toute l'Europe. Toute l'Europe a dû craindre la *Monarchie Universelle* sous CHARLES-QUINT; sur-tout après que FRANÇOIS I. Eut été defait & pris à Pavie. Il est certain, qu'une Nation qui n'avoit rien à déméler directement avec l'Espagne, ne laissoit pas alors d'êd'être en Droit, pour la Liberté publique, de Prévenir cette Puiſſance rapide qui ſembloit prête à tout engloutir.

Les Particuliers ne ſont pas en Droit de s'oppoſer de même à l'Accroiſſement des Richeſſes de leurs Voiſins: parce qu'on doit ſuppoſer, que cet Accroiſſement d'autrui ne peut être leur Ruïne. Il y a des Loix écrites, & des Magiſtrats, pour réprimer les Injuſtices & les Violences entre les Familles inégales en Biens. Mais, pour les Etats, ils ne ſont pas de même. Le trop grand Accroiſſement d'un ſeul peut être la Ruïne & la Servitude de tous les Autres qui ſont ſes Voiſins: il n'y a, ni Loix écrites, ni Juges établis, pour ſervir de Barriére contre les invaſions du plus puiſſant. On eſt toujours en Droit de ſuppoſer, que le plus puiſſant, à la longue, ſe prévaudra de ſa Force, quand il n'y aura plus d'autre Force à-peu-près égale, qui puiſſe l'arréter. Ainſi, chaque Prince eſt en Droit & en Obligation, de prévenir dans ſon Voiſin cet Accroiſſement de Puiſſance, qui jetteroit ſon Peuple & tous les autres Peuples voiſins, dans un Danger prochain de Servitude ſans Reſſource.

PAR exemple, PHILIPPE II. Roi d'Eſpagne, après avoir conquis le Portugal, veut ſe rendre Maître de l'Angleterre. Je ſai bien, que ſon Droit étoit mal fondé; car il n'en avoit que par la Reine MARIE ſa Femme, morte ſans enfans. ELIZABETH, illégitime, ne devoit point régner. La Couronne appartenoit à MARIE STUART, & à ſon Fils. Mais, enfin, ſuppoſé que le Droit de PHILIPPE II. Eut été inconteſtable, l'Europe entiére auroit eu Raiſon néanmoins de s'oppoſer à ſon Etabliſſement en Angleterre: car, ce Royaume ſi puiſſant, ajouté à ſes Etats d'Eſpagne, d'Italie, de Flandres, des Indes Orientales & Occidentales, le mettoit en Etat de faire la Loi, ſur-tout par ſes forces marimes, à toutes les autres Puiſſances de la Chrétienté. Alors, *ſummum Jus, ſumma Injuria.* Un Droit particulier de Succeſſion, ou de Donation, devoit céder à la Loi Naturelle de la

Sû-

Sûrete de tant de Nations. En un mot, tout ce qui renverse l'Equilibre, & qui donne le coup décisif pour la Monarchie universelle, ne peut être juste, quand même il seroit fondé sur des Loix écrites dans un Païs particulier. La raison en est que ces Loix, écrites chez un Peuple, ne peuvent prévaloir sur la Loi Naturelle de la Liberté & de la Sûreté commune, gravée dans le Cœur de tous les autres Peuples du Monde. Quand une Puissance monte à un Point, que toutes les autres Puissances voisines ensemble ne peuvent plus lui résister, toutes ces autres sont en Droit de se liguer, pour prévenir cet Accroissement, après lequel il ne seroit plus Tems de défendre la Liberté commune. Mais, pour faire légitimement ces sortes de Ligues, qui tendent à prévenir un trop grand Accroissement d'un Etat, il faut que le Cas soit véritable & pressant: il faut se contenter d'une Ligue défensive, ou du moins, ne la faire offensive, qu'autant que la juste & nécessaire Défense se trouvera renfermée dans les Desseins d'une d'une Aggreſſion. Encore même faut-il toujours, dans les Traités de Ligues offenſives, poſer des Bornes préciſes, pour ne détruire jamais une Puiſſance, ſous prétexte de la modérer.

Cette Attention à maintenir une Eſpece d'Egalité, & d'Equilibre, entre les Nations voiſines, eſt, ce qui en aſſure le Repos commun. A cet Egard, toutes les Nations voiſines, & liées par le Commerce font un grand Corps, & une Eſpece de Communauté. Par éxemple la Chrétienté fait une Eſpéce de République générale, qui a ſes Intérêts, ſes Craintes, ſes Précautions à obſerver. Tous les Membres qui compoſent ce grand Corps, ſe doivent les uns aux autres pour le Bien commun, & ſe doivent encore à eux-mêmes pour la Sûreté de la Patrie, de prévenir tout Progrès de quelqu'un des Membres qui renverſeroit l'Equilibre, & qui ſe tourneroit à la Ruïne inévitable de tous les autres Membres du même Corps. Tout ce qui change ou altére ce Syſtême général de l'Europe eſt trop dangereux,

reux, & traine après soi des Maux infinis.

TOUTES les Nations voisines sont tellement liées par leurs Intérêts les unes aux autres, & au Gros de l'Europe, que les moindres Progrès particuliers peuvent altérer ce Systême général, qui fait l'Equilibre, & qui peut seul faire la Sûreté publique. Otez une Pierre d'une Voute, tout l'Edifice tombe, parce que toutes les Pierres se soûtiennent en s'entre-poussant.

L'HUMANITE' met donc un Devoir mutuel de Défense du Salut commun, entre les Nations voisines, contre un Etat voisin qui devient trop puissant; comme il y a des Devoirs mutuels entre les Concitoyens pour la Liberté de la Patrie. Si le Citoyen doit beaucoup à sa Patrie dont il est Membre, chaque Nation doit à plus forte raison bien davantage au Repos & au Salut de la République universelle dont elle est Membre, & dans laquelle sont renfermées toutes les Patries des Particuliers.

LES Ligues défensives sont donc justes & nécessaires, quand il s'agit véri-

véritablement de prévenir une trop grande Puissance, qui seroit en Etat de tout envahir. Cette Puissance supérieure n'est donc pas en Droit de rompre la Paix avec les autres Etats inférieurs, précisément à cause de leur Ligue défensive; car ils sont en Droit & en Obligation de la faire.

Pour une Ligue offensive, elle dépend des Circonstances. Il faut qu'elle soit fondée sur des Infractions de Paix, ou sur la Détention de quelques Pays des Alliés, ou sur la Certitude de quelque autre Fondement semblable. Encore même faut-il toujours, comme je l'ai déja dit (*), borner de tels Traités à des Conditions qui empêchent ce qu'on voit; c'est qu'une Nation se sert de la Nécessité d'en rabattre une autre qui aspire à la Tirannie universelle, pour y aspirer elle-même à son Tour. l'Habileté, aussi-bien que la Justice & la Bonne-Foi, en faisant des Traités d'Alliance, est de les faire très précis, très éloignés de toutes Equivoques, & exactement bornés à un certain Bien que vous en voulez tirer

(*) *Voyez ci-dessus pages 75. & 76.*

ter prochainement. Si vous n'y prenez garde, les Engagemens que vous prenez, se tourneront contre vous, en abbattant trop vos Ennemis & en élevant trop votre Allié. Il vous faudra, ou souffrir ce qui vous détruit, ou manquer à vôtre Parole; Choses presque également funestes.

CONTINUONS à raisonner sur ces Principes, en prénant l'Exemple particulier de la Chrétienté, qui est le plus sensible pour nous.

IL n'y a que quatre sortes de Systêmes. Le premier est d'être absolument supérieur à toutes les autres Puissances, même réünies : c'est l'Etat des Romains, & celui de CHARLEMAGNE. Le second est d'être dans la Chrétienté la Puissance supérieure aux autres, qui font néanmoins à peu-près le Contre-Poids, en se réünissant. Le troisiéme est d'être une Puissance inférieure à une autre, mais qui se soutient, par son Union avec tous les Voisins, contre cette Puissance prédominante. Enfin, la quatriéme est d'une Puissance à peu-près égale à une autre, qui tient

tient tout en Paix par cette Espéce d'Equilibre, qu'elle garde, sans Ambition, & de Bonne-Foi.

L'ETAT des Romains & de CHARLEMAGNE n'est point un Etat qu'il vous soit permis de desirer. I. Parce que pour y arriver, il faut commettre toutes Sortes d'Injustices & dé Violences : il faut prendre ce qui n'est point à vous, & le prendre par des Guerres abominables dans leur Etendue. II. Ce dessein est tres dangereux : souvent les Etats périssent par ces folles Ambitions. III. Ces Empires immenses, qui ont fait tant de Maux en se formant, en font bientôt après d'autres encore plus effroyables, en tombant par terre. La premiére Minorité, ou le premier Regne foible, ébranle les trop grandes Masses, & sépare des Peuples, qui ne sont encore accoutumés, ni au Joug, ni à l'Union mutuelle. Alors, quelles Divisions, quelles Confusions, quelles Anarchies, irrémédiables ! On n'a qu'à se souvenir des Maux qu'ont faits en Occident la Chûte si promte de l'Empire de CHARLEMAGNE ; & en Orient le le Renversement de celui d'ALEXANDRE, dont les Capitaines firent encore plus de Maux pour partager ses Dépouilles, qu'il n'en avoit fait lui-même en ravageant l'Asie. Voilà donc le Systeme le plus éblouissant, le plus flatteur & le plus funest, pour ceux mêmes qui viennent à bout de l'exécuter.

LE second Systeme est d'une Puissance supérieure à toutes les autres, qui font contre elle à peu près l'Equilibre. Cette Puissance supérieure a l'Avantage contre les autres d'être toute réünie, toute simple, toute absolue dans ses Ordres, toute certaine dans ses Mesures. Mais, à la longue, si elle ne cesse de réünir contre elle les autres en en excitant la Jalousie, il faut qu'elle succombe. Elle s'épuise, elle est exposée à beaucoup d'Accidens internes & imprévus, ou les Attaques du Dehors peuvent la renverser soudainement. De plus, elle s'use pour rien, & fait des Efforts ruïneux pour une Supériorité, qui ne lui donne rien d'effectif, & qui l'expose à toutes sortes de Deshonneurs & de Dangers. De tous les Etats, c'eſt certainement le plus mauvais : d'autant plus qu'il ne peut jamais aboutir dans ſa plus étonnante Proſpérité, qu'à paſſer dans le premier Syſteme, que nous avons déja reconnu injuſte & pernicieux.

Le troiſiéme Syſteme eſt d'une Puiſſance inférieure à une autre, mais en ſorte que l'inférieure, unie au Reſte de l'Europe, fait l'Equilibre contre la ſupérieure, & la Sûreté de tous les autres moindres Etats. Ce Syſteme a ſes Incommodités & ſes Inconvéniens ; mais, il riſque moins que le précédent : parce qu'on eſt ſur la Défenſive, qu'on s'épuiſe moins, qu'on a des Alliés, & qu'on n'eſt point d'ordinaire dans cet Etat d'Infériorité, dans l'Aveuglement & dans la Préſomption inſenſée qui menace de Ruïne ceux qui prévalent. On voit preſque toujours, qu'avec un peu de Tems, ceux qui avoient prévalu, s'uſent & commencent à décheoir. Pourvû que cet Etat inférieur ſoit ſage, modéré, ferme dans ſes Alliances, précautionné pour ne leur donner aucun Ombrage, & pour ne rien faire que par leur Avis pour l'Inl'Intérêt commun, il occupe cette Puissance supérieure jusqu'à ce qu'elle baisse.

LE quatriéme Systeme est d'une Puissance à peu près égale à une autre; avec laquelle elle fait l'Equilibre pour la Sûreté publique. Etre dans cet Etat, & n'en vouloir point sortir par Ambition, c'est l'Etat le plus sage & le plus heureux. Vous êtes l'Arbitre commun. Tous vos Voisins sont vos Amis : du moins, ceux qui ne le sont pas, se rendent par là suspects à tous les autres. Vous ne faites rien, qui ne paroisse fait pour vos Voisins aussi-bien que pour vos Peuples. Vous vous fortifiez tous les jours. Et si vous parvenez, comme cela est presque infaillible à la longue par un sage Gouvernement, à avoir plus de Forces intérieures, & plus d'Alliances au dehors que la Puissance jalouse de la vôtre; alors, il faut s'affermir de plus en plus dans cette sage Modération qui vous borne à entretenir l'Equilibre & la Sûreté commune. Il faut toujours se souvenir des Maux que coutent au dedans & au dehors de son Etat les grandes Conquêtes ; du Risque, qu'il y a à les entreprendre ; qu'elles sont sans Fruit ; & enfin de la Vanité, de l'Inutilité, du peu de Durée des grands Empires, & des Ravages qu'ils causent en tombant.

MAIS, comme il n'est pas permis d'espérer qu'une Puissance supérieure à toutes les autres, demeure longtems sans abuser de cette Supériorité, un Prince bien sage & bien juste, ne doit jamais souhaiter de laisser à ses Successeurs, qui seront, selon toutes les Apparences moins modérés que lui, cette continuelle & violente Tentation d'une Supériorité trop déclarée. Pour le Bien même de ses Successeurs & de ses Peuples, il doit se borner à une Espece d'Egalité. Il est vrai, qu'il y a deux sortes de Supériorités. L'une extérieure, qui consiste en Etendue de Terres, en Places fortifiées, en Passages pour entrer dans les Terres de ses Voisins, &c. Celle-là ne fait que causer des Tentations, aussi funestes à soi-même qu'à ses Voisins ; qu'exciter la Haine, la Jalousie, & les Ligues. L'autre est intérieure & solide. Elle consiste dans un Peuple plus nombreux,

breux, mieux discipliné, plus appliqué à la Culture des Terres & aux Arts nécessaires. Cette Supériorité, d'ordinaire, est facile à acquérir, sure, à l'Abri de l'Envie & des Ligues; plus propre même que les Conquêtes & que les Places fortes, à rendre un Peuple invincible. On ne sauroit donc trop chercher cette seconde Supériorité, ni trop éviter la prémiere, qui n'a qu'un faux Eclat.

Achevé de transcrire, à la Haye le 30. de Mai 1720, après une Copie faite sur une qui sortoit de l'Hôtel de Beauvilliers.

FIN.

AUTRE

SUPPLEMENT,

Contenant diverses Maximes de saine Politique, & de sage Administration, tirées, tant des autres Ecrits de Mr. de Cambrai, que de ses simples Conversations.

TOUTES les Nations de la Terre ne sont que les différentes Familles d'une même République, dont Dieu est le Pere commun. La Loi Naturelle & Universelle, selon laquelle il veut que chaque Famille soit gouvernée, est de préférer le Bien public à l'Intérêt particulier.

SI les Hommes suivoient éxactement cette Loi Naturelle, chacun feroit, & par Raison & par Amitié, ce, ce qu'il ne fait à présent que par Crainte, ou par Intérêt. Mais, les Passions, malheureusement nous aveuglent, nous corrompent, & nous empêchent ainsi de connoitre & d'aimer cette grande & sage Loi. Il a fallu l'expliquer & la faire éxécuter par des Loix Civiles; & par conséquent, établir une Autorité suprême, qui jugeât en dernier Ressort, & à laquelle tous les Hommes pussent avoir recours, comme à la Source de l'Unité Politique & de l'Ordre Civil. Autrement, il y auroit autant de Gouvernemens arbitraires qu'il y a de Têtes.

L'AMOUR du Peuple, le Bien Public, l'Intérêt général de la Société, est donc la Loi immuable & universelle des Souverains. Cette Loi est antérieure à tout Contract. Elle est fondée sur la Nature même. Elle est la Source & la Régle sûre de toutes les autres Loix. Celui qui gouverne, doit être le premier & le plus obéïssant à cette Loi primitive. Il peut tout sur les Peuples; mais cette Loi doit pouvoir tout sur lui. Le

Pére commun de la grande Famille ne lui a confié ses Enfans, que pour les rendre heureux. Il veut qu'un seul Homme serve par sa Sagesse, à la Félicité de tant d'Hommes; & non que tant d'Hommes servent par leur Misére, à flatter l'Orgueil d'un seul. Ce n'est point pour lui-même, que Dieu l'a fait Roi. Il ne l'est, que pour être l'Homme des Peuples: & il n'est digne de la Royauté, qu'autant qu'il s'oublie réellement lui-même pour le Bien Public.

Le Despotisme tirannique des Souverains est un attentat sur les Droits de la Fraternité Humaine. C'est renverser la grande & sage Loi de la Nature, dont ils ne doivent être que les Conservateurs. Le Despotisme de la Multitude est une Puissance folle & aveugle, qui se forcene contre elle-même. Un Peuple, gâté par une Liberté excessive, est le plus insupportable de tous les Tirans. La Sagesse de tout Gouvernement, quel qu'il soit, consiste à trouver le juste Milieu entre ces deux Extrémités affreuses, dans une Liberté moderée par la ſeule Autorité des Loix. Mais, les Hommes aveugles & ennemis d'eux-mêmes, ne ſauroient ſe borner à ce juſte Milieu.

TRISTE Etat de la Nature Humaine! Les Souverains, jaloux de leur Autorité, veulent toujours l'étendre. Les Peuples, paſſionnés pour leur Liberté, veulent toujours l'augmenter. Il vaut mieux cependant ſouffrir, pour l'Amour de l'Ordre, les Maux inévitables dans tous les Etats, même les plus réglés, que de ſécouër le Joug de toute Autorité, en ſe livrant ſans ceſſe aux Fureurs de la Multitude qui agit ſans Régle & ſans Loi. Quand l'Autorité Souveraine eſt donc une fois fixée, par les Loix fondamentales, dans un ſeul, dans peu, ou dans pluſieurs, il faut en ſupporter les Abus, ſi l'on ne peut y remédier par des Voyes compatibles avec l'Ordre.

TOUTES ces ſortes de Gouvernemens ſont néceſſairement imparfaits, puis qu'on ne peut confier l'Autorité Suprême qu'à des Hommes. Et toutes Sortes de Gouvernement ſont bonnes, quand ceux qui gouvernent, ſuivent la grande Loi du Bien Public. Dans la Théorie, certaines Formes paroiſſent meilleures que d'autres; mais, dans la Pratique, la Foibleſſe ou la Corruption des Hommes, ſujets aux mêmes Paſſions, expoſent tous les Etats à des Inconvéniens à-peu-près égaux. Deux ou trois Hommes entrainent toujours le Monarque, ou le Sénat.

On ne trouvera donc pas le Bonheur de la Société Humaine, en changeant & en bouleverſant les Formes déja établies: mais, en inſpirant aux Souverains, que la Sûreté de leur Empire dépend du Bonheur de leurs Sujets; & aux Peuples, que leur ſolide & vray Bonheur demande la Subordination. La Liberté ſans Ordre eſt un Libertinage, qui attire le Deſpotiſme. L'Ordre ſans la Liberté eſt un Eſclavage, qui ſe perd dans l'Anarchie.

D'un Côté, on doit apprendre aux Princes, que le Pouvoir ſans Bornes eſt une Frénéſie, qui ruïne leur propre Autorité. Quand les Souverains

rains s'accoutument à ne connoître d'autres Loix que leurs Volontés absoluës, ils ſappent le Fondement de leur Puiſſance. Il viendra une Révolution ſoudaine & violente, qui, loin de modérer leur Autorité exceſſive, l'abbatra ſans Reſſource.

D'UN autre Côté, on doit enſeigner aux Peuples, que les Souverains étant expoſez aux Haines, aux Jalouſies, aux Bévuës involontaires, qui ont des Conſéquences affreuſes mais imprévues, il faut plaindre les Rois, & les excuſer. Les Hommes ſont à la vérité malheureux d'avoir à être gouvernez par un Roi, qui n'eſt qu'un Homme ſemblable à eux: car, il faudroit des Dieux, pour redreſſer les Hommes. Mais, les Rois ne ſont pas moins infortunés, n'étant qu'Hommes, c'eſt-à-dire foibles & imparfaits, d'avoir à gouverner cette Multitude innombrable d'Hommes corrompus & trompeurs.

PAR ces Maximes, également convenables à tous les Etats, & en conſervant ainſi la Subordination des Rangs, on peut concilier la Liberté du du Peuple avec l'Obéïssance dûe aux Souverains, & rendre les Hommes tout ensemble bons Citoyens & fidéles Sujets, soumis sans être esclaves, & libres sans être effrénés. Le pur Amour de l'Ordre est la Source de toutes les Vertus Politiques, aussi bien que de toutes les Vertus Divines.

» ENFANT DE ST. LOUÏS » disoit le sage & p[illegible]ux Prélat à son illustre Eleve dans une de ses Lettres, » imitez vôtre Pére. Soyez comme lui, doux, humain, accessible, » affable, compatissant & libéral. » Que vôtre Grandeur ne vous empêche jamais de descendre avec » Bonté jusques aux plus petits, » pour vous mettre à leur Place; & » que cette Bonté n'affoiblisse jamais, » ni vôtre Autorité ni leur respect. » Etudiez sans cesse les Hommes. » Apprenez à vous en servir, sans » vous lier à eux. Allez chercher » le Mérite jusqu'au bout du Monde. » D'ordinaire, il demeure modeste » & reculé. La Vertu ne perce point » la

» la Foule. Elle n'a, ni Avidité, » ni Empressement. Elle se laisse » oublier. Ne vous laissez point ob- » séder par des Esprits flatteurs & » insinuans. Faites sentir, que vous » n'aimez, ni les Louanges ni les » Bassesses. Ne montrez de la Con- » fiance, qu'à ceux qui ont le » Courage de vous contredire avec » Respect, & qui aiment mieux » vôtre Réputation, que vôtre Fa- » veur.

» Il est Tems, que vous mon- » triez au Monde une Maturité & » une Vigueur d'Esprit, proportion- » nées au Besoin présent. St. Louis, » à vôtre Age, étoit déja les Déli- » ces des Bons & la Terreur des » Méchans. Laissez donc tous les » Amusemens de l'Age passé. Fai- » tes voir, que vous pensez & » que vous sentez ce qu'un Prin- » ce doit penser & sentir. Il faut » que les Bons vous aiment, que les » Méchans vous craignent & que » tous vous estiment. Hâtez-vous » de vous corriger, pour travail- » ler

» let utilement à corriger les au-
» tres.

» La Piété n'a rien de foible, ni
» de triste, ni de géné. Elle élar-
» git le Cœur. Elle est simple &
» aimable. Elle se fait tout à tous,
» pour les gagner tous. Le Royau-
» me de Dieu ne consiste pas dans
» une scrupuleuse Observation de
» petites Formalités, il consiste pour
» chacun dans les Vertus propres à
» son Etat. Un grand Prince ne
» doit pas servir Dieu de la même
» Façon qu'un Solitaire, ou qu'un
» simple Particulier.

» St. Louïs s'est sanctifié en grand
» Roi. Il étoit intrépide à la Guer-
» re, décisif dans ses Conseils, su-
» périeur aux autres par la Noblesse
» de ses Sentimens, sans Hauteur,
» sans Présomption, sans Dureté.
» Il suivoit en tout les véritables In-
» térêts de sa Nation, dont il étoit
» autant le Pére que le Roi. Il
» voyoit tout de ses propres Yeux
» dans les Affaires principales. Il
» étoit appliqué, prévoyant, modé-
» ré, droit & ferme dans les Né-
» gocia-

» gociations ; en sorte que les Etrangers ne se fioient pas moins à lui, » que ses propres Sujets. Jamais » Prince ne fut plus sage pour policer les Peuples, & pour les rendre » tout ensemble bons & heureux. » Il aimoit avec Confiance & Tendresse tous ceux qu'il devoit aimer ; » mais, il étoit ferme pour corriger ceux qu'il aimoit le plus. Il » étoit noble & magnifique selon les » Mœurs de son tems, mais sans » Faste & sans Luxe. Sa Dépense, » qui étoit grande, se faisoit avec » tant d'Ordre, qu'elle ne l'empêchoit pas de dégager tout son Domaine.

» SOYEZ Héritier de ses Vertus, » avant que de l'être de sa Couronne. » Invoquez-le avec Confiance dans » vos Besoins. Souvenez-vous, que » son Sang coule dans vos Veines, » & que l'Esprit de Foi qui l'a sanctifié, doit être la Vie de vôtre » Cœur. Il vous regarde du Haut du » Ciel, où il prie pour vous & où » il veut que vous régniez un jour » en Dieu avec lui. Unissez-donc

» vo-

» vôtre Cœur au sien. *Conserva,*
» *Fili mi, Pracepta Patris tui.* »

AUTANT affectionné au Bonheur du Genre-Humain en général, qu'à celui de sa propre Nation en particulier ; & autant Ennemi de la Violence & de la Persécution, qu'Ami sincére de la Justice & de l'Equité ; voici les sages & judicieux Conseils, que nôtre illustre Prélat donna au Cheval:er de St. George, lorsqu'il fut le voir à Cambrai en 1709 ou 10.

» SUR toutes Choses, ne forcez
» jamais vos Sujets à changer leur
» Religion. Nulle Puissance Humai-
» ne ne peut forcer le Retranche-
» ment impénétrable de la Liberté
» du Cœur. La Force ne peut ja-
» mais persuader les Hommes : elle ne
» fait que des Hipocrites. Quand les
» Rois se mêlent de Religion, au lieu
» de la protéger, ils la mettent en
» Servitude. Accordez à tous la
» Tolérance Civile : non, en approu-
» vant tout, comme indifférent ;
» mais, en souffrant avec Patience
» tout ce que Dieu souffre, & en tâ-
» chant

» chant de ramener les Hommes par » une douce Persuasion. »

CONSIDEREZ attentivement quels sont » les Avantages que vous pou- » vez tirer de la Forme du Gou- » vernement de vôtre Païs, & des » Egards que vous devez avoir pour » vôtre Sénat. Ce Tribunal ne peut » rien sans vous. N'êtes-vous pas » assez puissant ? Vous ne pouvez » rien sans lui. N'êtes-vous pas » heureux d'être libre pour faire tout » le Bien que vous voudriez, & d'a- » voir les Mains liées quand vous » voudriez faire du Mal ? Tout Prin- » ce sage doit souhaiter de n'être que » l'Exécuter des Loix, & d'avoir » un Conseil suprême qui modére » son Autorité. L'Autorité Pater- » nelle est le prémier Modéle des » Gouvernemens. Tout bon Pére » doit agir de concert avee ses En- » fans, les plus sages, & les plus » expérimentés. »

LE *Télemaque*, où l'*Utile* se trou- ve si industrieusement & si sagement enchassé parmi l'*Agréable*, est tout rempli de semblables Conseils, qu'il seroit extrémement à souhaiter pour le Bonheur du Genre-Humain, que les Souverains de tous les Etats voulussent bien écouter & suivre, mais qu'il seroit tout-à-fait superflu de transcrire ici, vû que cet excellent Ouvrage se rencontre actuellement par-tout, & entre les Mains de tout le Monde.

FIN.

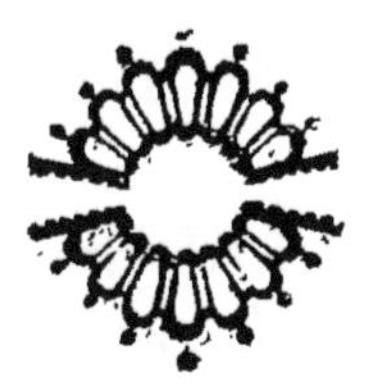

LA

LA SAGESSE HUMAINE,

OU LE

PORTRAIT

D'UN

HONNETE-HOMME,

PAR LE MEME

ARCHEVEQUE DE CAMBRAI,

Imprimé en Placard, tant à l'Usage de son Diocése, que de ceux relevans de sa Métropole.

* *

MAXIME I.

RENDEZ *au Créateur ce que l'on doit lui rendre.*
Réfléchissez avant que de rien entreprendre.
Point de Societé, qu'avec d'honnêtes Gens.
Et ne vous flattez point de vos heureux Talens.

MAXIME II.

CONFORMEZ-VOUS *toujours aux Sentimens des autres :*
Cédez honnêtement, si l'on combat les vôtres :
Donnez Attention à tout ce qu'on vous dit :
Et n'affectez jamais d'avoir beaucoup d'Esprit.

MAXIME III.

N'ENTRETENEZ *personne au de là de sa Sphére :*
Et dans tous vos discours tâchez d'être sincére.
Tenez vôtre Parole inviolablement ;
Et ne promettez point inconsidérément.

MAXIME IV.

SOYEZ *officieux, complaisant, doux, affable.*
Et pour tous les Humains d'un Abord favorable.
Sans être familier, ayez un Air aisé :
Ne décidez de rien, qu'après avoir pesé.

MAXIME V.

AIMEZ *sans intérêt, pardonnez sans Foiblesse.*
Choisissez vos Amis avec Délicatesse :
Cultivez avec Soin l'Amitié d'un chacun.
A l'égard des Procès, n'en intentez aucun.

MAXI

MAXIME VI.

NE vous informez point des Affaires des autres:
Sans Affectation taisez-vous sur les vôtres.
Prétez de Bonne-Grace, avec Discernement.
S'il faut récompenser, faites-le noblement.

MAXIME VII.

EN quelque heureux Etat que vous puissiez paroitre,
Que ce soit sans Excès, & sans vous méconnoitre.
Compatissez toûjours aux Disgraces d'autrui:
Supportez ses Défauts, vivez bien avec lui.

MAXIME VIII.

SURMONTEZ les Chagrins où l'Esprit s'abandonne.
N'usez de Raillerie envers nulle Personne.
Où la Discorde régne, apportez-y la Paix;
Et ne vous vangez point, qu'à force de Bienfaits.

MAXIME IX.

REPRENEZ sans Aigreur, louëz sans Flatterie.
Riez paisiblement, entendez Raillerie.
Estimez un chacun dans sa Profession;
Et ne critiquez rien par Ostentation.

MAXIME X.

NE *reprochez jamais les Plaisirs que vous faites*
Mais les mettez au Rang des Affaires secretes.
Prevenez les Besoins d'un Ami malheureux :
Sans Prodigalité montrez-vous généreux.

MAXIME XI.

MODEREZ *les Transports d'une Bile naissante ;*
Et ne parlez qu'en Bien de la Personne absente.
Fuiez l'Ingratitude : & vivez sobrement.
Jouez pour le Plaisir, & perdez noblement.

MAXIME XII.

PENSEZ *bien, parlez peu, & n'offensez Personne.*
Faites toûjours grand Cas de ce que l'on vous donne.
Ne tirannisez point le pauvre Débiteur :
Pour lui comme pour vous, soyez de bonne Humeur.

MAXIME XIII. ET DERNIERE.

AU *Bonheur du Prochain ne portez point d'Envie ;*
Et ne divulguez point ce que l'on vous confie.
Ne vous vantez de rien : gardez vôtre Secret.
Après quoi, mettez-vous au-dessus du Caquet.

FIN.

AVER-

AVERTISSEMENT
DU
LIBRAIRE.

JEAN NEAULME travaille actuellement à faire une très-belle & très-magnifique Edition, en plus d'une Langue, de cet Excellent Ouvrage, *in Folio* & *in Quarto*, d'un gros Caractére neuf & dégagé, afin de rendre ce Volume d'une Grosseur raisonnable, & d'un Format pareil à ceux des *Avantures de Télemaque*, qui sont aussi magnifiquement imprimées dans ces deux formes *in Folio* & *in Quarto*. Cette Edition-là sera ornée d'une belle Planche de Titre susceptible de riches Idées, de Portraits, de Lettres grises, de Vignettes, & de Culs-de-Lampes; en un mot, il ne négligera rien, pour contribuer lui-même en quelque sorte, s'il est possible, à ériger à l'Auteur le Temple de l'Immortalité, qu'il a si justement mérité & acquis.

FIN.

www.ingramcontent.com/pod-product-compliance
Ingram Content Group UK Ltd.
Pitfield, Milton Keynes, MK11 3LW, UK
UKHW022115190726
13855UKWH00003B/869